轻松写好技术论文

QINGSONG XIEHAO JISHU LUNWEN

中国石油天然气集团公司人事部 编

石油工业出版社

内 容 提 要

本书针对大多数操作技能人员的写作基础，依托不同岗位研究内容和写作任务，以新的视角和方法阐释技术论文的写作方法与技巧，并配有大量具体方法和实际案例。

本书既可作为石油石化企业技能操作员工的培训教材，也可作为关于科技论文写作的普及性读本。

图书在版编目（CIP）数据

轻松写好技术论文 / 中国石油天然气集团公司人事部编 . —北京：石油工业出版社，2017.12

ISBN 978-7-5183-2256-5

Ⅰ . ①轻… Ⅱ . ①中… Ⅲ . ①科学技术－论文－写作 Ⅳ . ① H152.3

中国版本图书馆 CIP 数据核字（2017）第 275915 号

出版发行：石油工业出版社
　　　　（北京安定门外安华里 2 区 1 号　100011）
　　　　网　　址：www.petropub.com
　　　　编辑部：（010）64251613　　图书营销中心：（010）64523633
经　　销：全国新华书店
印　　刷：北京中石油彩色印刷有限责任公司

2017 年 12 月第 1 版　2019 年 11 月第 3 次印刷
710×1000 毫米　开本：1/16　印张：11.5
字数：200 千字

定价：42.00 元
（如出现印装质量问题，我社图书营销中心负责调换）
版权所有，翻印必究

《轻松写好技术论文》

主　　编：房国晨（大庆油田）

　　　　　胥　勇（集团公司人事部）

编写人员：王志贤（大庆油田）　　路利民（长庆油田）

　　　　　邓鲁宁（大港油田）　　张　勇（渤海钻探）

　　　　　陈　颖（辽阳石化）　　张宏涛（管道公司）

　　　　　张传英（石油工业出版社）

审定人员：任凤荣（大庆油田）　　侯宇飞（大港油田）

　　　　　李　峰（渤海钻探）　　苏丽华（辽阳石化）

　　　　　吴志宏（管道公司）

前言 / Preface

技术论文是技术成果表达的一种形式,也是技术交流与应用、技术传承与传播的一种工具和载体。目前,中国石油天然气集团公司(简称集团公司)的操作技能人员立足岗位进行技术研究、技术革新和创新已蔚然成风,取得的研究成果解决了生产、技术和经营中的大量实际问题,已经成为一支为单位创新创效的重要力量。对于操作技能人员来说,技术论文写作却是大多数人的短板,更是令大多数人为难且畏惧的事情。这不仅对其技术成果的总结和表达形成了制约,更影响了其技术成果的应用和推广,使得技术成果的效益大打折扣,同时也在一定程度上影响了个人的成长。因此,提升操作技能人员的技术论文写作能力,既是提升企业员工技术研究水平的重要举措,也是提升企业技术成果转化为生产力的重要途径,更是提高操作技能员工队伍素质和充分调动广大操作技能人员参与科技研究的积极性、主动性和创造性的保障。

现有的学术(科技)论文写作教材针对的主要是科技岗位人员和高校学生。内容主要涉及科学技术研究。相对于生产岗位操作人员来说,这些教材的内容在一定程度上脱离写作基础、岗位实际和研究对象,写法上显得理论性突出,语言上学术味浓重,案例上尊崇高大上,指导上不接地气,使操作人员感到语言晦涩,操作性不强,与工作距离大。阅读这些教材和使用这些教材进行培训,效果往往不尽如人意。因此编写一部针对操作人员,能够引领和指导操作人员在短时间内有效地表达技术研究内容、过程和成果,从而形成技术论文的实用教科书是一项重要而迫切的工作。

综合考虑以上因素，中国石油天然气集团公司人事部组织编写了这本面向生产岗位操作人员的技术论文写作教材。

本书突破了传统教科书的编写体例和方式，针对大多数生产岗位操作人员的写作基础，依托不同岗位技术研究内容和写作任务，以新的视角和方法阐释了技术论文的写作。本书既可作为培训教材，也可作为技术论文的普及性读本。

按照书中技术论文写作的步骤和方法，读者可以边阅读边写作，从而完成从选题到投稿的全过程；按照一定的模式和方法，读者可以将现有的技术改造和创新成果转化成技术论文，从而在技术研究过程中为写作准备基础资料，并依托技术研究文件资料轻松完成技术论文的写作。

本书在编写过程中，进行了大量的企业调研，广泛地吸纳了技能专家、技师和技术研究骨干的经验，同时吸收和借鉴了现有文献中的成果，恕不一一列出，在此特别表示衷心的感谢！

由于水平有限，书中存在的缺点和不足之处，欢迎读者批评指正。编辑部邮箱：duxiaoshuai@cnpc.com.cn。

编 者

目录 / Contents

绪论　掀开技术论文写作的神秘面纱……………………………………01

上篇　一步步教写技术论文

第一步　选好课题………………………………………………………07

第二步　拟好标题………………………………………………………10

第三步　获取资料………………………………………………………14

第四步　编写提纲………………………………………………………17

第五步　撰写引言………………………………………………………20

第六步　撰写主体………………………………………………………23

第七步　撰写结论………………………………………………………41

第八步　制作摘要………………………………………………………44

第九步　提炼关键词……………………………………………………49

第十步　明确引文………………………………………………………52

第十一步　敲定文稿……………………………………………………54

第十二步　投出文稿……………………………………………………63

下篇　论文可以这样写

一、常见技术论文写作模式……………………………………………69

（一）"小型实验＋机理（或原理）＋生产实际经验"型……………69

（二）"提出问题＋分析问题＋解决问题"型…………………………75

（三）"革新成果及专利等转化技术论文"型…………………………83

二、技术论文范文赏析 99
　范文一　修井作业井口无人操作起下油管装置 99
　范文二　裂解气压缩机注水系统技术改造 108
　范文三　腐蚀油管打捞技术实践与认识 113
　范文四　MWD 仪器可退式打捞器的研究与应用 118
　范文五　吐哈油田温米、丘东区块随钻堵漏技术 123
　范文六　CAD 技术在油井动态控制图中的应用 132
　范文七　复杂套损井修复新工艺初探 138
　范文八　20 万吨/年聚酯装置真空系统的故障排查及处理 142
　范文九　抽油机井口密封盒跑油的原因分析及治理措施 148
　范文十　BH-NAT 钻井液在苏 20-17-16H 井的应用 152
　范文十一　气田聚结式分离器运行效果评价 160
　范文十二　钻井柴油机冷却系统超温报警研究 165
　范文十三　球罐环焊缝裂纹的处理 168

参考文献 174

绪论 掀开技术论文写作的神秘面纱

一提起写作技术论文，很多技能操作岗位的人员就感到打怵，有时甚至感到脑袋一下子就变大了。虽然心里攒着一大堆设备、工艺、技巧的经验积累，手里攥着一大把解决生产、技术实际问题的货真价实的成果，可能这些经验和成果的推广和应用能够或者已经让企业降本增效、创新创效，而且晋升职称的必要条件就包括发表论文，但是，很多技能操作人员还是因为感到写技术论文对自己来说是一个远得没有办法摸到、高得没有办法碰到的事情，所以在需要写作技术论文时常常想想就放弃了，有时甚至想都不敢想，更不用说拿起笔来写了。这主要是因为对于技能操作人员来说，技术论文写作被一层神秘的面纱遮盖着，导致操作人员对它认识不清楚和理解不到位。

操作岗位的技术论文写作有自己独有的规律、规范、方法和技巧，也就是说，有自己独有的规矩和门道。这些规矩和门道不是烦琐复杂的，完全可以通过学习和训练来获取，进而达到写出规范的技术论文的目标。

学会写作技术论文，就要消除畏惧心理。首先要做到的就是了解技术论文，熟悉技术论文的写作规律，明确技术论文的写作规范，掌握技术论文写作的方法和技巧，也就是说，要知道技术论文写作的规矩和门道。

现在，就让我们一起掀开技术论文和技术论文写作的神秘面纱，来了解技术论文和技术论文写作的庐山真面目，一步一步地细数这里的规矩和门道。

一、认识技术论文和技术论文写作

不少人对写技术论文的畏惧心理很多时候来源于小时候对写作文的畏惧，小时候觉得写作文就是一个难事，而写技术论文这样"高大上"的东西跟自己就更搭不上边了。实际上，技术论文写作与小时候写作文相比，在一定角度和程度上可以说是相对简单的。例如，在内容上我们是有基础的，知道写什么，不需要编造；在结构上是有相对固定的格式的，有固定的格式，就可以按照要求把相应的内容"填"在相应的位置，不需要另外构思；在语言上并不要求更多的形象表达和修辞手法的运用，能用朴素通俗的话直来直去地把内容说清楚就行，不需要非常多的辞藻和拐弯抹角的表达方式。

1. 别把技术论文当成高深莫测的概念

技术论文是科技论文的一个类别,可以以科技论文的定义为基础,来对技术论文做个通俗的描述和简化的理解:技术论文是某些理论性、实验性或观测性新知识的科学记录,是某些已知原理应用于实际中取得新进展、新成果的科学总结,是对已有应用的改进、改造的科学描述。再概括一点来说,技术论文是科学记录,是科学描述,是科学总结。落实到操作岗位人员来说,技术论文可以是工作经验的总结,可以是新技术的介绍和推广,可以是技术改造案例的分析,可以是技术管理创新的描述,也可以是与操作岗位相关的岗位(如技能培训岗位)工作内容的总结与创新。

2. 别把技术论文写作当成复杂的工程

理解了技术论文的定义,我们就不难理解技术论文的写作。通俗地讲,把对自然科学和技术领域里的,尤其是技术领域里的现象或问题进行专题研究的过程和结论,按照规范记录并表达出来就形成了技术论文。换句话讲,以科学研究或技术改造过程中的分析研究资料、实验报告、现场配合施工的总结或设备、装置、生产线的调试总结、阶段报告、工作总结等科学记录为基础,以这些记录作为原始资料,进行适当的"裁""剪"及必要的"缝合"加工,一篇技术论文就形成了。

二、了解技术论文的类型

在清楚技术论文和技术论文写作是什么、是什么样的基础上,我们还要了解甚至熟悉技术论文的类型。判定要写的是哪种类型的技术论文,可以使我们在写作过程中方向明确、思路清晰、结构明了、少走弯路,因为不同类型的技术论文在写法上有不同的特点和要求。我们按照特点和要求开始写作过程,就不会走到旁枝岔道上去,技术论文写作效率的提高也就有了保障。

我们可以把常见的技术论文分为四大类。

1. 工作经验总结

工作经验总结是对岗位工作经验的总结。对于操作岗位人员来说,选择以自己多年积累的工作经验为论文内容来写作,是一种容易写也能写出真材实料好论文的思路。回顾自己多年从事岗位工作的经历,细细梳理,从中整理出一些自己感触深的工作案例,可以是成功的案例,也可以是失败的案例,在对案例的回顾与叙述的基础上,分析成功与失败的原因,从理论、操作上分析,写出条理性,使其有一定的深度与广度,利于同行借鉴。

2. 新技术介绍与推广

引进新的设备,是各企业升级改造的必经之路。而在新技术的引进过程中,操作人员作为直接参与者,一定会有许多体会。包括新设备的安装、使用方法、引进后的效果、调试过程中出现问题的解决方法。最好进行全流程写作,这样的文章非常有利于同行参照。

3. 技术改造案例分析

技术改造是指配合工程技术人员,进行新工艺、新设备、新材料、新产品的研制与开发,在生产实践中针对所遇到的技术困难和问题,进行技术攻关和技术改造。写这类论文一定不能写成理论文章,应该具有可操作性,案例应包括选型选材、图纸展示、程序设计、数据分析等。

4. 技术管理创新

在操作岗位人员中,有一部分已走上了管理岗位,不再直接从事一线的技术工作。这部分人大都从事技术管理,从管理岗位出发,写怎样进行技术管理,制定高效的管理措施,在节能减排低碳等方面进行改革,引进新的管理理念等,也是可以写出新意的。

三、熟悉技术论文的格式

技术论文写作,必须严格按照技术论文的格式来写,不能想当然去随意创造。

掌握技术论文的格式,首先是要掌握一篇技术论文的构成要件。每篇技术论文都由以下几个部分构成:标题、作者、作者工作单位、摘要、关键词、引言、正文、结论或建议、参考文献、附录。

其中,标题、作者、作者工作单位、摘要和关键词为前置部分,引言、正文、结论或建议为主体部分,参考文献、附录为附属部分。

这10个构成要件必须齐备、规范,缺一不可。我们要按照要求写作每个要件,只有这样才能实现写作的目的。

当然,要写好技术论文,首先必须掌握技术,对技术精益求精,才能在技术领域里不断地发现、发明、创造,也只有这样,才能有技术论文写作的内容和素材。没有关于这些的实践和积累,技术论文的写作就成了无源之水,无本之木。

懂得技术的同时，要把技术论文写好，还必须做到常练习，要把"练"字变成行为习惯。说到"练"字，它的具体内容主要体现在"五多"：多看、多读、多思、多学、多写。

多看，就是要对生产生活中的细节和问题多观察，多观察才能有发现，有发现才能有发明和创造。

多读，就是要对与工作相关的技术书籍，包括技术类的文章多阅读，多阅读视野就会不断地拓展，多阅读知识就会不断地丰富，多阅读思路就会不断地开阔，多阅读办法就会不断地涌现。

多思，就是在多看、多读的基础上多思考，也就是在对生产生活的观察中和通过读书获取的素材和知识进行思考和钻研，并把这两方面有机地结合起来，点面兼顾、精博相参，既要有对点的认真研究，又要有对面的广泛涉猎，又要把点和面放在一起通盘考虑。

多学，不仅要在前三多的基础上不断提升自己的综合知识和素质，还要多向别人学习技术，学习读过的文章中作者是如何布局谋篇，如何立论论证的，论点论据是怎样有机统一的，如何开头、结尾和过渡的，摸清论文的"架子"，悟出论文的"路子"，了解论文的"法子"。

多写，不仅要写得多，而且要在此基础上不断突破已有的写作水平，由量变引起质变，不断进入新的境界。

上篇

○ 一步步教写技术论文

写作一篇技术论文,大体可以通过十二个步骤来完成,每个步骤就是完成一项工作,十二个步骤完成了,技术论文写作也就完成了。

第一步　选好课题

选题是写作技术论文要做的第一件事,也是写作技术论文时首先遇到的问题。俗话说,好的开始是成功的一半,选好课题也是技术论文写作成功的一半。这个问题解决不好,技术论文就很难写好,即使写出来了,也不容易得到认可,不容易进行交流甚至发表。我们要知道,选择课题不是一项简单的工作,它应该是在掌握技术研究的前沿动态,了解热点问题等各种信息的基础上,结合工作实践和工作需要,通过科学归纳、逻辑判断和理性思维,提炼出高度概括或高度抽象的命题。因此,选择课题不能只凭经验和感觉,必须以科学的态度和方法,遵循知识创新的基本规律,选择研究课题和论文写作的题目。

一、选什么样的课题

选好了题,研究有意义,写作有价值,应用有对象,发表有可能。那么,到底选什么样的题呢？符合以下原则的课题应该优先选择。

1. 需求性原则

需求常常伴随着价值,有需求就有价值,需求越强烈,价值就越高。因此,生产经营等工作、事业上需要解决的问题就是最好的选题。在生产经营过程中存在的问题,尤其是共性的问题、关键的问题、影响生产的问题需要解决；设备使用和改进、工艺的改进和优化、故障的判断和处理等在工作中经常遇到,解决这些问题,就是满足生产经营的需求,是写作技术论文优先选择的课题,也是相对容易上手的课题。例如《浅析油管漏失原因及治理措施》《新开稠油低产异常井疑难处理》等。

2. 无穷性原则

有些课题虽然一直有人在研究,但是课题涉及内容怎么研究都不能穷尽,相关论文永远也写不完,例如《石油钻井作业现场压井液密度确定方法》。

3. 实践性原则

我们在工作中常常有自己的思考、感悟和应用,在工作实践中得出的经验总结是得心应手的选题,例如《测井车辆和绞车常见故障与现场处理》《浅谈对接立焊单面焊双面成形技术》。

4. 创新性原则

在已有领域选取前人和别人没有研究、没有涉猎或研究不深、涉猎不够的问题,也会形成具有开拓性和独创性或新颖性的课题,例如《防盗抽油机减速箱换油孔及测油尺的研制》《注水井洗井多用连接装置的制作》。

要按照这4项原则的指引选题,并且把拟选的题与这4项原则相比照,来确定选或者不选。

二、去哪里选题

去哪里选题,应考虑自己熟悉和已有基础的选题,写起来不仅有话可说,而且说有所用,写起来也容易得心应手。那么,哪些领域适合我们做选题呢?

(1)自己长期实践(包括工作、研究、培训和事业管理)且已较为熟悉的领域。

(2)自己长期跟踪且知识储备较为充足的领域。

(3)自己力所能及且已经写过的"传统"领域。

(4)线索较多、已有灵感且易于翻新的领域。

(5)资料积累较为丰富或便于收集且自己有浓厚兴趣的领域(在可能的范围内,要选准切入点,力求翻新,写出与众不同的新作)。

三、选哪些课题

选择课题要注意点面结合,先面后点,由面及点。关注面就会有方向,关注点就能够实现突破。这样由宽泛到集中,直到最后确定选题,是比较好的选题思路,也是一个比较好的选题方法。

那么,选择哪些课题会更加受到关注或更加具有价值呢?在写作实践中应优先考虑具有"四点四本"特性的选题。

1. 四点

(1)重点:即在技术发展和工作中地位比较重要,尽管有较多研究者进行了长期而有效的研究,但依然有未解决或解决不好的问题。

(2)热点:即大多数从业人员特别关注的热门话题。

(3)焦点:即热门话题中的集中点,争论观点的交叉点。

(4)痛点:即影响生产运行和经营管理,给工作带来持续性负面制约的问题。

2. 四本

（1）本企业：即所写内容一定要来自本人所服务的企业，范围不能扩大化。

（2）本岗位：即指本人从事的岗位。从事技术管理工作的就写技术管理，从事技术改造的就写技术改造，从事维修工作的就写维修经验，从事新技术安装的就写新技术新设备的安装要点与创新。

（3）本工种：即论文所写内容与所从事的工种相一致。

（4）本人参与：即论文的内容必须是本人参与其中的。

如果依照"四点四本"来选题，就能让人感到具有价值，受到高度关注，能够广泛应用，并且更容易发表。

四、如何选出理想恰当的题

总的来说，勤学习、勤观察、勤思考、勤总结才能选出理想恰当课题。落实到实践中，要注意以下三点。

1. 把握技术研究的前沿、热点和动态

技术论文首先是立足于创新和实用，而要创新就要从技术研究的前沿上去选题，要实用就要从生产实际需要去选题。因此，应了解分析本单位、本岗位、本设备的热点与前沿动态，掌握与自己相同选题或相近课题的研究状况、难点及研究方法等信息，在此基础上，结合自己的实践，对信息进行综合分析，寻找新的切入点，确定自己的选题方向。

2. 掌握课题研究信息

应更多地了解行业、专业、企业和岗位的课题研究信息，掌握研究动态，以供选题时参考。首先要了解国家、集团公司、本公司技术研究规划信息；其次，要了解各级技术管理部门的课题研究信息；再次，要了解专业杂志刊载的有关课题研究征文信息。

3. 了解实践中尤其是工作中出现的问题

对于操作人员来说，解决工作中出现的问题是好的选题。解决影响生产运行的问题，比如设备、工艺流程、工用具的改进、改造和制作都是技术论文的好素材、好内容。

当然，选题要力争抢先，全在一个"快"字。能力相当，你发现别人未必没发现，你研究，别人也在研究。谁发现得快，问题抓得准，谁解决得快，问题解决得好，谁写得快,论文质量高,谁就占得先机。同样的问题、同样的解决、同样的文章,如果总比别人慢半拍,就不会有机会。率先发现问题,研究快速跟进,总结持续进行,写作绝不懈怠,论文的发表也就指日可待。

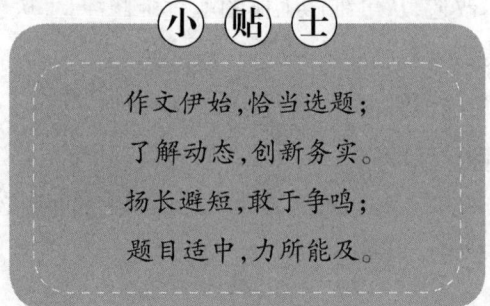

作文伊始,恰当选题;
了解动态,创新务实。
扬长避短,敢于争鸣;
题目适中,力所能及。

练一练

请按照选题的原则、思路和方法,认真回顾工作实践,列出3~5个可用于技术论文写作的选题。

第二步　拟好标题

标题也叫题名,即论文的题目名称,它是技术论文的"眼睛",也是论文的标签。读者对论文需求的判读程序为"标题—关键词—摘要—正文",所以,标题是读者取舍论文的首要因素,是读者识别论文和判断是否需要阅读的依据之一。通过标题,应该看到论文的创新点和实用点,能够引发读者的阅读兴趣。论文标题的拟制,是起草的第一步工作。它往往影响论文写作的全过程,是能否写好论文的一个不可忽视的方面。GB/T 7713.3—2014《科技报告编写规则》指出,论文标题是"以最恰当、最简明的词语反映报告、论文中最重要的内容的逻辑组合"。

标题的拟制可在选题之后、写作之前完成,也可在写作之后完成,还可在写作之前拟制临时标题,写作之后再修订完善。

一、明确标题的拟制要点

(1)标题是词语的逻辑组合,拟制标题,要先选词,再组合。词语必须是直接反映论文内容,同时又是恰当、简明的;逻辑关系可以通过一些关联词体现。

例如,有位作者将标题定为"中石油集团公司大庆油田汇宾汇商大厦给排水设计",共22个字,其中讲的什么功用的大厦,大厦所属的单位等内容对于论文毫无意义。真正让读者感兴趣的是大厦(高层建筑)给排水设计。所以,最多用11个字(汇宾汇商大厦给排水设计)作标题就行了。

(2)标题要紧密联系中心论点,或揭示、或启示、或暗示、或限定中心论点。论文标题要大小适宜,不可题目过大而表达不充分,或题目过小而论述有余。

例如,《浅谈大庆油田采油新方法》就是一个过大的标题。"伤其十指,不如断其一指",把一个小问题解决了,比隔靴搔痒、泛泛而谈要好得多。《吊卡拆卸专用工具的研发》《压缩机组推力瓦块温度高原因分析及处理》等,就是中心突出、内容具体的标题。

(3)标题用词应恰如其分地表述议题的新颖度、深刻度和实用度。一要选用规范术语,术语应是课题所属领域内的,也是词义单一、通俗易懂、便于记忆和引用;二要避免用烦琐、冗长的形容词和不必要的虚词;三要不使用非公知公用和同行不熟悉的外来语、缩写词、符号、代号等;四要尽可能不出现数学式和化学式,以便于数据库收录。

(4)标题可以"浅谈""初探""试论"等形式标出,这是标题命名的常规写法。例如《浅谈抽油机减速箱呼吸阀工艺改进与应用》。

二、遵守标题的拟写要求

拟写标题要坚持"三要四不"的要求。

1. "三要"的基本内容

(1)要内容具体,贴切恰当。论文的标题必须有内容,这是对论文标题的最基本要求。而且其内容应该是具体的,必须契合论题,贴切恰当。标题中的词语是关键词选用的主要对象,应具有可检索的实用信息。

(2)要简洁醒目,独创新颖。论文的标题应该言简意赅、高度概括。标题简洁才会醒目,因此最好不要超过20字。还应该独创新颖,富有艺术性、哲理性,可以使用设问等方式。例如,有作者写了一个较长的标题——凌华HSL高速控制器I/O模块在火力发电中的应用,共24个字。标题中突出了生产厂家、产品型号、产品名称、模块、应用场所,一看就知道这是以论文为名在介绍生产厂家的产品,如不考虑作者的广告意图,用"凌华I/O模块在火力发电中的应用"这15个字就足够了。

(3)要反映成果,体现主旨。标题与中心论点在内容上应该是完全一致的,在语言形式上,也往往借助于主旨的措辞。

这里需要指出的是,对于技术论文,不仅论文的标题重要,拟订各段落章节等小标题同样也十分重要。

2. "四不"基本内容

(1)内容不空洞。例如以"他山之石,可以攻玉"为标题就是不恰当的,没有突出主题更看不到创新点,因为此题名太空了。

(2)尽量不采用副标题。有的作者为了引申主题、补充说明且避免题名过长,往往采用副标题。其实,副标题只能增加标题的总字数,写技术论文时,尽量不用副标题,会使标题简洁明晰。

(3)用词不要跟风。近几年,论文题名的前两个字用"基于""面向"的实在太多。有一期机械类杂志的目录中,可以找到 8 个"基于……"。"基于"两字,在大多数的情况下是可以省略的。例如,某杂志 2006 年第 1 期有一篇论文《基于虚拟仪器的汽车离合器性能测试系统开发》,题名前两个字"基于"完全可以省略,《虚拟仪器的汽车离合器性能测试系统开发》同样能说明问题。某编辑部最近收到一篇稿,题名为《基于制造资源动态管理的网络化工艺规划系统研究》,去掉"基于",题名的内涵不变。

(4)拟题不成句。标题是词汇的逻辑组合,而不是一个完整的句子。显然,标题只起标示作用,不作判断式结论。"题不成句"是编写技术论文题名的一个重要原则,一般只用名词、形容词、介词、冠词和连词作为题名要素,不使用包含主语、谓语和宾语的完整句子作为题名。例如,以"数控系统抗干扰意义重大"为标题就违反了"题不成句"的原则。

有人了解了国外含油污水处理技术,用"国外是如何处理含油污水的"作标题,就不如用"国外含油污水处理技术现状与发展"为标题更为恰当。前者内容只是介绍国外情况,而后者内容却需要作抽象提炼、比较及对策研究,品位高低一目了然。下面三个标题的拟制都做到了运用精练恰当的词语,将全文予以高度概括,起到了提纲挈领、画龙点睛的效果。

例一

《浅谈抽油机减速箱呼吸阀工艺改进与应用》

例二

《TN3000 化学发光定氮仪分析准确性的影响因素》

例三 《柴油机润滑油温度过高的原因及对策》

📚 **简析**

三个标题的拟制都做到了运用精练恰当的词语,将全文予以高度概况,起到了提纲挈领、画龙点睛的效果。

小 贴 士

标题十忌

一忌题不对文,二忌态度暧昧,
三忌拖泥带水,四忌含糊其词,
五忌陈词滥调,六忌深涩难懂,
七忌矫揉造作,八忌虚无缥缈,
九忌言语轻浮,十忌面目可憎。

（白润生《写作趣闻录》）

小 贴 士

标题简明,逻辑清晰;
词语直接,恰当简明。
巧用连接,严谨新颖;
反复推敲,如名己婴。

📖 **练一练**

按照标题拟制的要点和要求,给第一步中列出的3~5个选题分别拟制可用作技术论文写作的标题。

第三步　获取资料

技术论文写作准备过程中最主要的、工作量最大的部分就是根据选题充分占有资料。俗话说得好，"巧妇难为无米之炊"，写作前必须充分掌握材料，掌握的材料必须是可信赖的，并经过慎重选择的。

即使是一个小题目，往往需要阅读数万字的技术资料。做尽可能周密的调查研究，尽可能多地了解同行们对这一选题曾经发表过的见解。对于别人已经取得的成果进行分析，可以吸取和继承正确的思想，避免走别人走过的弯路。在写作准备中同样也有"扬长避短"的问题，你所阅读的论文中完全有可能在正确体系中夹杂着某些错误的论点。因此，需要我们去思考、分析、判断，保留并参考其正确的内容，去掉不正确(甚至是错误)的内容。

有的论文作者担心读了别人的论文，自己再写同类文章只能是复述或抄录而提不出新见解，这是多余的顾虑。问题的关键在于，阅读别人的论述时，不应被别人的观点所束缚，而是通过思考、分析研究(或调研)，提出新的问题和新观点。

如果自己将要论述的问题，是别人没有论述或极少论述过的，搜集不到这方面的材料，这时就要在相关学科(专业)的基础理论、基本原理上下功夫，另辟新的领域、新的途径。

不要满足于已收集到的第二手材料，在条件允许时，要尽最大可能查阅第一手材料，找到最早的依据。引文决不能是道听途说的，必须要核实原始文献。要防止急于求成，不要在没有弄明白别人论述的原意时，就乱摘、乱引用。一般作者很容易犯两个毛病：一是在没有充分掌握的材料上做文章；二是在材料的汪洋大海中茫然不知所措。

收集材料应是技术论文作者经常注意的事情，要注意积累。搜集的方法有记在卡片上(卡片法)、记在小本上或记录在电脑中，让卡片、小本、电脑代替人脑存储材料。卡片多了，集腋成裘，既可为论题服务，又可以扩大自己的知识面。

一、搜集什么样的资料

资料是研究工作的基础。从资料属性上来划分，技术论文写作，一般要积累和搜集两类资料。

(1) 直接资料，即作者通过调查、实验等所获得的关于研究对象的第一手原始材料。技术论文所用的资料绝大多数是原始资料。一般来说,原始资料是论文所提观点的主要来源和依据,论证应当尽可能引用原始资料。某些课题需要进行实地调查和观察或实验。通过实地调查,才能深入了解研究对象,获得最真实可靠、丰富生动的第一手资料。在获得感性知识,取得实践经验的基础上,上升到理性认识。

(2)间接资料,即作者通过书籍、杂志、报纸和网站等获得他人的有关研究对象的第二手论述资料。搜集他人的有关论述也是很重要的,从中可以得到启发,可以借鉴他人研究问题的方法,还可以引用某些经过他人考证的事实材料作为旁证。但是,在参阅他人的文章时,应该以"我"为主,坚持独立研究,不要被别人的框框束缚,更不要被别人牵着鼻子走,否则就只能是重复别人的见解。

(3)发展资料,即作者在收集和阅读第一类和第二类资料过程中的所思所想,包括对某一观点反驳或认同的理由、对某一问题的补充意见、看了某文(书)之后产生的联想等。这些东西往往是作者思想的闪光点。一篇文章是否有新意,就看它发展资料的多少。因此,在收集和阅读资料阶段,应该随时记下自己当时的所思所想,记下平时思想的火花,写文章时便可以使之深化和有序化。

二、怎样搜集资料

写作技术论文所用资料的文献载体主要有图书、期刊、报纸、会议文献、科技报告、学位论文、政府出版物、专利、标准、产品资料、科技档案等,这些文献常见的载体类型有印刷版和电子版。使用电子资源信息检索是目前获取资料的简便、快捷和全面的方法,建议使用。

搜集资料要选择恰当的查找方法。查找资料方法的选择服从于查找的目的。查找的方法主要有直接法、追溯法和综合法三种。

1. 直接法

直接法又分为顺查法、倒查法和抽查法。

(1)顺查法:按照时间的顺序,由远及近进行文献检索,适用于较大课题的文献检索。

(2)倒查法:由近及远,从新到旧,逆着时间的顺序利用检索工具进行文献检索的方法。此法的重点是近期文献。

(3)抽查法:针对项目的特点,选择有关该项目的文献信息最可能出现或最多出现的时间段,利用检索工具进行重点检索。

2. 追溯法

追溯法是指利用已经掌握的文献末尾所列的参考文献,逐一追溯查找"引文"的一种最简便的扩大信息来源的方法。但这种方法有查全率、查准率较低,易误检、漏检等缺点。

3. 综合法

综合法又称为循环法,它是把上述两种方法加以综合运用的方法。

如果使用电子信息资源检索,可按照以下六个步骤进行:

第一步,明确检索目的,合理选择检索方法、检索途径和检索系统。

第二步,正确分析课题,确定专业检索词汇。

第三步,选择检索系统和数据库。

第四步,确定逻辑组配,编制检索提问式。

第五步,上机检索及反馈调节。

第六步,输出检索结果。

三、辨析整理资料

资料的整理过程实质上是资料的辨析过程。资料的辨析是指确定其是否具有以下特性:

(1)适用性。选择资料的依据,只能是作者所要阐明的论点。什么资料可用,什么资料不能用,都要根据论点决定。论点一经确定,资料必须服从于论点的统帅。不能把一些不能充分说明问题的资料搬来作牵强附会的解释,也不能将所有资料统统塞进文章里,使文章臃肿庞杂,虽然扩大了篇幅,中心反而不突出。

(2)全面性。如果材料不全面,缺少了某一方面的材料,论文的论述也往往不圆满、不全面,会出现偏颇、漏洞,或由于证据不足难以自圆其说。

(3)真实性。资料真实与否直接关系着论文的成败。只有从真实可靠的资料中才能引出科学的结论,在这方面要注意:

①要尊重客观实际,避免先入为主的思想,选择资料不能夹杂个人的好恶与偏见,不能歪曲资料本来的客观性。

②选择资料要有根有据,采用的第一手资料要有来历,选取的第二手资料一定要与原始文献认真核对,以求得最大的准确性。

(4)新颖性。新颖的资料包括两方面含义:一方面是指前所未有,近期才出现的新事物、新思想、新发现、新方向;另一方面是指某种事物虽早已存在,但人们尚未发现其价值,这同样是新颖的资料。所谓新颖,不仅仅对资料产生的时间有所要求(不能太陈旧),更重要的是要从普遍常见的资料中发掘别人尚未利用的东西。

(5)典型性。资料的典型性是指这种材料对于它所证实的理性认识来说具有充分的代表性。

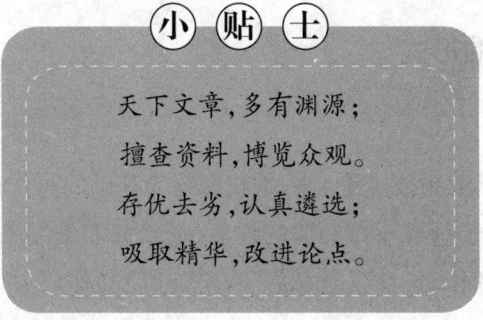

天下文章,多有渊源;
擅查资料,博览众观。
存优去劣,认真遴选;
吸取精华,改进论点。

练一练

请为拟制好标题的2~3个选题搜集充分的资料。

第四步 编写提纲

写作提纲是技术论文撰写步骤的重要一环,它是论文写作的设计图,起疏通思想、安排材料、形成结构的作用。

一、编写写作提纲的好处

编写提纲的过程是通过对选题论点的研究,确定与提炼论点、选择加工资料、同时设计与安排论证方法的过程。这是一个疏理思路、整理论点的过程,也是为撰写论文构思谋篇的过程。

(1)编写提纲可以帮助我们树立全局观点,从整体上考虑每一个部分所占的地位、所起的作用,明确相互之间是否有逻辑联系,各部分之间的比例是否恰当,每一部分是否都能为中心论点服务。

(2)编写提纲有利于周密地谋篇布局,厘清层次,保证论文结构完整统一;有利于进一步选择材料,使中心论点和分论点之间体现一定的内在联系和逻辑关系,保证文章重点突出,文脉贯通;有利于及时调整修改,防止相互脱节和前后矛盾,避免写作时出现不必要的返工现象。

二、写作提纲的内容

提纲有简明(提示要点)和详细(详写过程)之分,写法有句子提纲、标题提纲和段落提纲三种。

一般应该包括三项内容:一是提出全文的中心论点;二是安排阐明中心论点的各个分论点;三是体现全文的基本结构。

三、写作提纲的形式

1. 目录式提纲

目录式提纲是以编制技术论文的条款标题为基础的写作提纲。目录式提纲可粗略,亦可详细。对于具有写作经验的作者,通常只需编制条款的标题就可以了。对于写作经验较少的作者,在条款标题下还需注明写作要点,标明数学式、插图和表格的位置及需要准备的相应材料,尽可能详细地给出论文的写作细节。

2. 程序式提纲

以程序图的形式表达论文的写作提纲。程序式提纲可简单,也可详细;简单的程序式提纲只需列出写作程序和章节的主要内容,详细的程序式提纲可在各程序框内列入段落、数学式、图表的编排关系。

四、编写提纲的过程

编写提纲的过程也是不断推敲提纲内容的过程:论点是否明确、稳妥;论述的层次有无主次不分、颠倒或重复等问题;论据是否充分,材料安排是否恰当等。

1. 论点研究

编写提纲的关键在于论点研究。论点是作者对论文所论述问题的观点、看法、主张,是论文的第一要素。论点研究(构思提纲)是介于资料积累与文字表达之间的一个"运思构想"阶段。论点研究的基本过程与构成论文的主要因素呈现对应关系,包括论点的确定和提炼、资料的选择和加工、论证的设计与安排等。

确立论点就是立意,"意犹帅也",材料取舍、谋篇构段、遣词造句等,都应服从"意"的需要。所以动笔前需要先立意,此所谓"意在笔先"。

中心论点(总论点)是作者对研究对象通过理性思维抽象概括出来的总判断,它是论文的灵魂,在全篇中起统帅作用,统领全局。一篇论文只能有一个中心论点,而且必须能够构成一个肯定或否定的判断。

分论点是构成中心论点的各个部分、各个方面的判断,是中心论点的论据,直接从属并服务于论文中心论点,统领文章各个部分的论点。通常情况是论文有几个大的部分,便有几个分论点。

中心论点和分论点是主从关系,分论点之间属于并列或递进关系。一般采用三个或三个以上的分论点来论证一个中心论点,分论点由三个或三个以上的小论点论证(通用"三三式")。

2. 提纲论点调整与推敲

提纲往往不是一次完成的,而是边收集整理资料,边构思和撰写,边调整和修改提纲。撰写和修改提纲是一个连续、动态的过程,它贯穿于研究工作的始终。如果提纲中的某个问题考虑得比较成熟,表现为可用在这个问题上的资料较多,就可以先写该部分。如果多人合作、分头撰写,可以由每个人负责提纲下的某一部分或某几部分,彼此不会重复。

论点句常常放在文章最显眼的位置,如标题、小标题、段首等"句要"位置,所以应当对文章中的大、小标题(即提纲条目)重新审视推敲,使之简练、明确、概括、科学并具有条理,最好具有排比句、对仗句的特色。

五、编写提纲应注意的事项

提纲是撰写技术论文的纲要,必须杜绝无提纲编写的陋习。有提纲的写作可以做到逻辑思维严密,易平衡协调。无提纲写作势必会丢三落四、杂乱无章。当然,提纲写好后也不是一成不变的,它可随科研的进展情况、资料的收集情况随时调整。

编写提纲应注意以下三点:

(1)提纲应内含行文计划。对于研究型技术论文,研究项目开始时,就应编写论文提纲,使论文的编写工作与研究项目同步进行。随着研究工作的进展,可按需对提纲进行反复修改。不少作者把研究工作与编写论文分割开来,到研究工作结束后才开始编提纲、写论文,其结果是研究工作不到位,进而导致论文质量不高。

(2)提纲要围绕行文要素。将重要的论点、数学式、图表、数据等以目录或程序图的形式把它们有序组合起来。

(3)提纲应确定行文权重,即要确定写作的重点、次重点。技术论文写作要突出重点。不能按照研究工作的时间顺序编写"流水账",应开门见山,将关键内容作为写作的重点。

> **小 贴 士**
>
> 欲写文章,先列提纲;
> 意在笔先,构建屋梁。
> 逻辑组合,通盘考虑;
> 突出重点,贯通文脉。

请为第三步中搜集好资料、确定好顺序的选题列出目录式提纲。

第五步　撰写引言

GB/T 7713.3—2014《科技报告编写规则》指出,引言要"简要说明研究工作的目的、范围、相关领域的前人工作成果或知识空白、理论基础和分析、研究设想、研究方法和实验设计,预期结果和意义等"。

引言(也称绪论、引论、导论)一般说明为什么要研究这个课题,解释研究这一课题的现实意义,并提出论文的中心论点。如果是篇幅较长的论文,往往要把本论部分做扼要介绍,或提示所论述问题的结论。引言是主体部分的开端,是正文的先导,具有提示内容的作用,能为正文奠定必要的基础。因此,学术论文中如果没有好的引言,就会影响正文的效果。

一、引言的内容

引言一般选择使用以下几方面内容:

(1)课题的由来和选题的理由。

(2)课题的研究现状、进展情况和存在的问题。

(3)论文所要解决的问题,采用的手段和方法。

(4)成果的意义。

当然,引言的内容还可以从另一个角度表达,那就是阐明课题的重要性、必要性和紧迫性。重要性的表达思路是陈述做这个或这样做的好处,必要性的表达思路是陈述不做这个或不这样做的危害,紧迫性的表达思路是在时间上做绝对对比和相对对比。

二、引言的特征

技术论文的引言应具有针对性、逻辑性和叙述性。有的技术论文没有引言，作者直接进入正文，这种方式不妥。

1. 针对性

引言要有针对性，具有拓展摘要、呼应正文、开卷明义的作用。

引言既不能与摘要雷同，也不能原封不动地照搬正文中的叙述。引言必须围绕命题的核心内容，叙述背景与现状，引出研究对象，交代研究思路，提出论文作者所希望的结果。

2. 逻辑性

引言要有逻辑性，要前呼后应，起到纲举目张的作用。举纲是指提出论文主题，明确论文论述的核心内容；张目是指提出论文的要点，为引出正文的论述铺路。

3. 叙述性

引言的写作特点是不论证、不分析，不出现公式和图表。以叙述性的行文手法，交代研究背景，表明作者意图，提出论文要点。一些熟知的基本理论、基础试验、基本方程不必在引言中描述。

引言里的过谦和吹嘘，都是写作上的错误。"才疏学浅，水平所限""错误在所难免，恳请赐教"等不应在引言中出现。如确需表示歉意的，可写在结束语中。

正文中将要提到的专用术语或缩写，应在引言中加以说明。

三、编写引言的要求

引言是论文的开头，要为全文定调，要通过提出问题，吸引读者，激发读者的阅读兴趣。所以，必须符合下列要求。

1. 抓要领

"要领"是论文的中心论点，否则容易"下笔千言，离题万里"。

2. 醒人目

内容上观点精辟，形式上文采绚丽。

3. 短而精

短而精的技巧是开宗明义，单刀直入，开门见山，落笔入题。

4. 引言要做到"六不"

不要赘述人所共知的知识,不要介绍具体方法,不要与摘要雷同,不要成为摘要的解释,不要贬低前人的成果,不要写客套话。

例一

大庆油田所用机械采油设备主要是抽油机,抽油机的心脏是减速箱。现场抽油机减速箱呼吸阀因没有防水、防尘和防堵塞功能,减速箱经常出现各种故障。如齿轮油污染变质、呼吸阀堵塞、减速箱憋压、各部位漏油、减速箱齿轮磨损等问题。为了降低抽油机减速箱故障率,节约成本,提高设备的运转时率,我们对减速箱呼吸阀进行了结构性工艺改进,实现了防水、防尘和防堵塞三项功能。经过四年多的现场推广应用,解决了上述问题,取得了较好的应用效果。

——《浅谈抽油机减速箱呼吸阀工艺改进与应用》

简析

引言部分虽篇幅不长,但作用和效果较为明显:从抽油机呼吸阀的功能作用以及现场应用存在的问题,引出了本课题的研究任务和要达到的目的。

例二

在石化加氢工艺中,油品里的氮化物多以杂环化合物、苯胺类化合物的形式存在,它们会造成催化剂中毒,影响催化剂的活性和寿命,也会造成油品颜色变暗,是使油品储存安定性发生变化的较主要的原因。因此,准确测定油品中氮化物含量对稳定生产和提高产品质量具有很重要的意义。目前,普遍采用化学发光定氮仪,主要可以对加氢汽油、石脑油、LPG及气体中的总氮含量进行分析。本文对该方法分析过程中影响大的几个因素进行了探讨。

——《TN3000化学发光定氮仪分析准确性的影响因素》

简析

一般在引言中交代技术研究的背景,本文在引言中交代了化学发光定氮仪分析准确性的意义,直接引出下文,起到了定向引导的作用。

例三

柴油机运行过程中,润滑油主要起润滑、冷却、净化、密封、防锈以及减振的作用。润滑油正常的工作温度应在70～90℃。若润滑油温度过高,会使黏度下降,不能在摩擦副表面形成油楔,使润滑油失效,引起烧瓦、抱轴等机械事故。

——《柴油机润滑油温度过高的原因及对策》

简析

内容比较准确,表达清晰、简洁。如果能有体现"对策"的语句会更好。

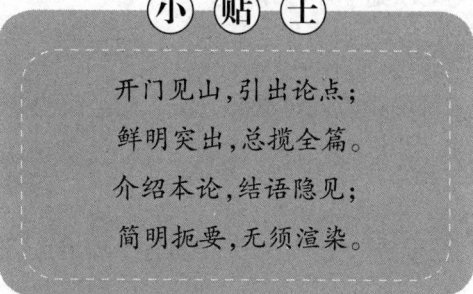

小 贴 士

开门见山,引出论点;
鲜明突出,总揽全篇。
介绍本论,结语隐见;
简明扼要,无须渲染。

练一练

请为第四步中列好提纲的选题撰写引言。

第六步 撰写主体

撰写主体是运用论据对论点展开论证的过程。引言的主要作用是引出主体的内容,主体必须紧扣引言,引言提出什么问题,主体就分析什么问题,不能再从别的问题说起。

主体的字数一般以占技术论文全文的 75%～80% 为宜。主体的几个部分的篇幅应大体匀称。

一、展开论证

论证是运用论据证明论点的过程和方法。论证方法运用得当,论点就鲜明。

1. 确定论证顺序

技术论文写作要根据不同的类型和内容,选择与其相适应的结构顺序,既包括全篇的结构顺序,也包括局部的结构顺序。技术论文的结构顺序主要有以下四种:

(1) 自然顺序法。

自然顺序法主要有时间顺序、空间顺序和时空交错顺序。

(2) 简单列举法。

围绕一个统一的主题组织材料,可加序码来提示。

（3）问题解决顺序法。

先提出问题,然后分析问题,最后讲解决办法。

（4）演绎顺序法。

有些偏理性的技术论文也可以按照是什么、为什么和怎么做的顺序来安排结构,但在技术论文中不多见,这里不再举例。

2. 综合运用论证方法

论证是运用论据来证明论点的过程和方法。论点解决"要证明什么"或"要做什么";论据解决"用什么证明"或"用什么做";论证方式解决"如何来证明"或"怎么来做"的问题。

说理要全面透彻,逻辑要严密完整,文辞要有条理重点,论证要符合事理,不能出现漏洞。

周密的论证首先要求论点和论据之间要有逻辑联系,论据必须能够充分说明论点。论据要选典型的、必需的材料,而且要运用正确的推理形式来证明论点。

周密的论证还要求始终围绕论题,分别从不同的层次或角度,采用正面、反面,直接、间接等多种方式展开论述,力求把道理说深讲透。

3. 使用拆分论证

常见的拆分论证有以下两种：

（1）二分拆分论证法。无论什么论点,论证时考虑的只是一个二分,例如："国内／国外""历史／现实""利端／弊端""宏观／微观""狭义／广义""理论／应用""内因／外因""正面／负面""纵向／横向""原因／结果""表层／深层""表象／本质"。

（2）多分拆分论证法。若一个二分不够,再加为三分或多分,还可适当创造,如一分为三："历史／现实／未来""宏观／中观／微观""前期／中期／后期"。尽管拆三了,却不同于"一句话做三句话"的三分法,其基点依然是二分。

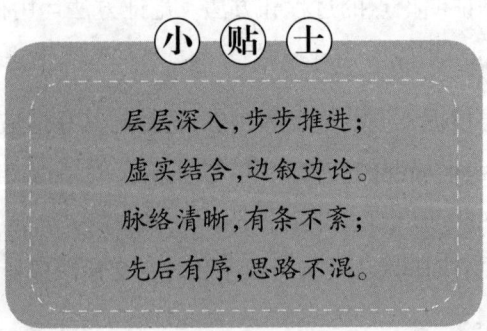

小贴士

层层深入,步步推进;
虚实结合,边叙边论。
脉络清晰,有条不紊;
先后有序,思路不混。

二、善用论据

"巧妇难为无米之炊",有了论点远远不够,要让论点确立起来,必须要有论据支撑。论据是证明论点的理由和根据,是为论点服务的,它担负解决"用什么证明"的任务。对于中心论点来说,分论点也是论据。

1. 全面使用论据

用来作为论据的材料有两大类,在论证过程中都要应用,并且要有机地结合起来,相互引领或佐证。

(1)事实材料。

事实材料包括具体的现实材料和历史事实以及经验、统计数字等概括的材料。事实胜于雄辩,事实要真实,必须是客观存在的;事实要典型,具有代表性。

(2)理论依据。

理论材料包括名人名言、权威经典和科学原理(科学定义、法则和规律,一般的公理、常识等)。引用经典名言要符合原著的确切含义,不能断章取义;引用科学原理要认真分析,看是否有普遍意义。

2. 让论据变得典型

要让论据变得典型,论据本身必须典型。需要从以下两方面入手:

(1)选择和使用切题的论据。这样的论据越实在越好,越详细越好,数据要有来源,百分比要到小数点后两位,引文有实实在在的出处,最好能点出作者是男是女,是教授还是博导,是技师还是技能专家。比如若引用 Arms 一段关于数字图书馆的论述作论据,写"有人说过'数字图书馆将是人、组织、技术三个主角相互影响,共同演绎的精彩故事'",就不如写"Arms 说过",不如"美国著名数字图书馆专家 Arms 说过",不如"美国麻省理工大学教授,数字图书馆研究先驱者之一,数字图书馆领域最著名刊物 D-Lib 杂志主编 William Y. Arms 先生在其 2000 年出版的新著《数字图书馆——技术、组织、经济和法律问题探讨》中说过"(太夸张了!有一二即可)。后者告诉了别人(包括编辑)Arms 如何了得,你对 Arms 了解如何。

论据充分,论证合理;
真实客观,立论有据。
材料典型,可靠确凿;
经典原始,结合有致。

三、构建段落

技术论文是由一个个段落组合而成的,段落是技术论文的基本单位。有人把文章比喻成锁链,那么段落就是链环。

1. 技术论文的段落是什么样的

古人所讲的"作文要有章法"中的"章"也就是今天的"段",技术论文的段落有如下特点:

(1)技术论文的段落,除了少数单一的论点段或论据段之外,一般都要把表达一个完整意思的论点、论据、论证组织到一起,构成一个不可分割的统一、完整的规范段。

(2)技术论文的段落一般比较长,因为在一个较短的段落里,很难把一个论点展开周密细致的论证。如果用几个小段来论述一个观点,往往会把论点、论据和论证的严密逻辑联系割裂开来,影响表达效果。论文也并非一律都是长段,段落过长会使读者产生疲劳感,失掉阅读的积极性,也影响表达效果。所以段落要长短合适。

(3)"特殊段"的处理:如全文的"点睛"之处,侧重"强调"之处,发生"哲理"之处等,即使只言片语,也可独立置段,使其鲜明地突出。

2. 用段落表达内容上的侧重

技术论文写作,其中有一种很重要的技法,就是用段落表达对内容的侧重,在具体形式上的表现,主要有如下三种:

(1)以位置表示侧重。

开头,是最重要的位置。把一段文字要表达的主要之点,放在开头提出,然后加以论述,容易引起读者的注意,写得好,能够取得最佳的表现效果,这就是所说的"凤头"。

结尾,是比较重要的位置。一段之中,在这个位置上表达的东西,也容易引起读者的注意,写得好,同样能够增强表现效果,所谓"豹尾"。

(2)以篇幅表示侧重。

重要的地方,在视觉上要给予较大的空间,以引起读者的注意。这在作者方面,则是为了把意思表达得更充分,以使读者容易接受。用较大篇幅表述重要问题,这就是所说的"猪肚"。

（3）以技巧表示侧重。

既不能用位置,又不能用篇幅表示的重要之点,可以采用一些表现技巧,以示侧重。如运用反复、排比、强调等方法(在字下加着重符号),还可以用序数法表侧重(第一、第二、第三……),排在前面的,自然是重要的,这就是所说的"羊肠"。

3. 构建段落时应坚守三个原则

（1）"意穷而成体"。

刘勰《文心雕龙》："章总一义,须意穷而成体。"意思是,一"段"应集中一个意思,须把它表述完整而成为一体,其主要精神是"单一性"和"完整性"。

（2）"量体而裁衣"。

构段时必须有"篇"的意识,清醒地把握它在篇中的位置和作用,根据文章篇幅和在全文中的位置和作用量体裁衣,决定段落长短。

（3）体现整体格调。

在形式上要注意段落整体的和谐、匀称、格调一致。

4. 两招教你写好段落

（1）明确段旨,安排段中主句。

段旨,即段落的主题,有明旨与隐旨两种。明旨,即在一段之中,有一句点明本段中心思想的话(主题句),它要有高度的概括性,简短的表述性。隐旨,即段旨寓于全段表达的意思之中,不以段中主句的形式出现,却能让读者很容易看出来。

所以,擅写论文的人,都很重视段旨的概括和安排(多用明旨形式),力求让读者一看便知。擅读论文的人,也很重视对段旨的把握,以准确了解这一段的要点。

至于段中主句的安排,一般有段首式(大多都采用此式)、段尾式(先举例后做概括归纳)、段腰式(以腰句形式联系上下两层意思)以及段首段尾兼顾式(主题段和较长段常用)。

（2）展开段旨,连贯句子。

段旨,在段中展开才能成段,段旨的展开,关键是层次要清楚,句子要连贯。

刘勰在《文心雕龙》中讲到,"裁章贵在顺序",即构段要讲究内容的先后位置。段旨的展开必须讲究层次,要围绕段旨,找出相关资料之间的逻辑关系,安排好先后顺序,形成分兵驻守的有机整体。

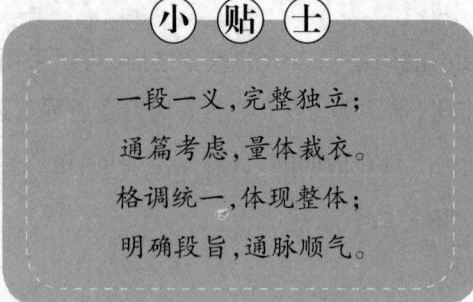

四、规范语言

写作表达是思维成果的"外化"。只有想得清清楚楚,才能写得明明白白。想得好,叫"思维敏捷";如果说得比想得还好,叫"巧舌如簧",如果写得比说得好,这就叫"妙笔生花"。口头和书面表达能力的强弱,取决于自己的语言文字修养和水平,包括掌握语汇的丰富程度,遣词造句的能力,运用修饰手法、谋篇构章、起承转合、引经据典的能力等。

技术论文的语言属于科技语言。语言主要包括语法、修辞和逻辑三个方面。语法研究语言的结构规律;修辞研究提高语言表达效果的规律;逻辑则研究思维形式和规则。通俗地讲就是:语法管"通不通",修辞管"好不好",逻辑管"对不对"。

1. 技术论文的语言特点

技术论文的语言要符合以下几个规范:

(1)准确:用词、用句准确,定性、定量准确。

(2)严密:叙述有序、论证有力、说明有法。

(3)简练:言简意赅、内涵丰富、概括力强、删繁就简。

(4)平实:自然朴素、可靠可信。

(5)规范:用词规范、语序规范、句子成分规范。

2. 技术论文写作用词特点

(1)大量使用科技术语和专业术语。

(2)常常使用文言词(古语词):在科技写作语体中,文言词的使用较为常见,因为文言词具有简洁凝练的表意功能。例如,蕴含、之所以、典范、便于、遵循……使用这些有生命的古语词,可以使表达准确、简明、典雅、庄重、生动。

3. 技术论文写作用句特点

（1）大量使用陈述句，在科技写作中，使用最多的是陈述句，有时也用疑问句，基本不用感叹句和祈使句。

（2）常常使用多层定语和状语：科技语体常常使用多层定语和状语，从而对事物进行科学的限定，消除歧义，使其更加清晰严密。

（3）常用复句和多重复句：科技语体一般以说明科学规律和原理为主，以严密的科学论证为主要特色。为了表达其内容复杂多变的需要，因而常常使用复句和多重复句。

4. 文字功底的锤炼

文字功底是一种"一锤定音"的工作，论文中新颖的观点、严谨的逻辑和深邃的思想，无一不是依靠文字来表达的。要想提高文字功底，多读、多背一些古典诗词、散文、游记等，可以锤炼文字的简练和行文的流畅；还应多看杂文和评论文章，学习论证的方法和提高逻辑表达的严谨。

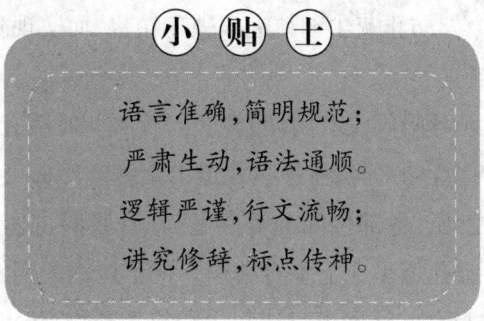

小 贴 士

语言准确，简明规范；
严肃生动，语法通顺。
逻辑严谨，行文流畅；
讲究修辞，标点传神。

例一

1 抽油机减速箱呼吸阀工艺改进

1.1 原抽油机减速箱呼吸阀结构

原抽油机减速箱呼吸阀结构如图1所示。

1.2 改进抽油机减速箱呼吸阀结构

改进抽油机减速箱呼吸阀结构如图2所示，其特点如下：

（1）针对原减速箱呼吸阀没有防水功能，雨水易从呼吸孔道侵入减速箱内，造成齿轮油污染变质、齿轮锈蚀的问题，对呼吸阀进行改进，增加了防水帽。防水帽

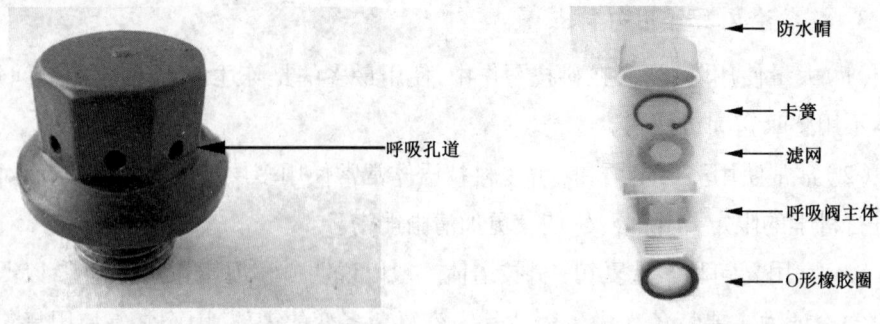

图1　原减速箱呼吸阀结构　　　图2　改进减速箱呼吸阀结构

与呼吸阀主体采用卡扣连接,可阻止雨水经呼吸孔道进入减速箱内,从而实现防水功能。防水帽材质使用聚丙烯材料,其耐油、耐腐蚀和耐温性好且强度高,可塑模加工,成本低廉、互换性好。

(2)针对原减速箱呼吸阀没有防尘功能,空气中灰尘颗粒通过呼吸阀上呼吸孔道侵入减速箱内,悬浮在齿轮油中,造成齿轮油污染,加速齿轮磨损的问题,对呼吸阀进行改进,在呼吸阀主体内增加了不锈钢滤网并用卡簧固定,不锈钢滤网可过滤掉空气中的灰尘颗粒,防止灰尘颗粒进入减速箱,从而实现防尘功能。其中卡簧、不锈钢滤网均为标准件。

(3)针对原减速箱呼吸阀没有防堵塞功能,呼吸阀呼吸孔道呈水平结构,空气中灰尘颗粒和各类杂物容易沉积在呼吸孔道上堵塞呼吸阀,致使呼吸阀不能正常工作,造成减速箱内憋压,各部位漏油等问题,在呼吸阀主体上增加12个直径为6mm的呼吸孔道,呼吸孔道呈上下垂直结构。把不锈钢滤网安装在呼吸孔道上部并用卡簧固定,应用过程中,滤网可过滤灰尘颗粒和杂物,防止呼吸孔道堵塞,从而实现防堵塞功能。呼吸阀主体使用聚丙烯材料,其耐油、耐腐蚀和耐温性好、强度高,可塑模加工,成本低廉,互换性好。

(4)O形橡胶圈安装在呼吸阀底部凹槽内,起到过盈密封的作用,能够防止雨水从呼吸阀底部渗入到减速箱内。其中,O形橡胶圈为耐油标准件。

2　改进抽油机减速箱呼吸阀工作原理

2.1　抽油机减速箱上安装呼吸阀的目的

通过呼吸阀的呼吸作用平衡减速箱内外压力,使减速箱正常工作。当减速箱内压力低时,减速箱外空气通过呼吸阀呼吸孔道进入减速箱(吸气过程)。当减速箱内压力高时,减速箱内空气通过呼吸阀呼吸孔道排出(呼气过程),从而实现平衡减速箱内外压力的作用,确保减速箱正常工作。

2.2 改进后的减速箱呼吸阀呼吸原理

防水帽安装在呼吸阀顶部可有效遮挡呼吸孔道,防止雨水从呼吸孔道进入减速箱。当减速箱内压力低时,减速箱外空气通过呼吸阀上呼吸孔道由下向上流动(进行吸气),空气中灰尘颗粒在通过不锈钢滤网前被过滤掉,过滤出的灰尘颗粒在重力的作用下,自行向下分离脱落到呼吸阀外部,可防止呼吸阀堵塞。当减速箱内压力高时,减速箱内空气通过呼吸阀上呼吸孔道由上向下流动通过呼吸孔道(进行呼气),从而实现平衡减速箱内外压力的作用。

2.3 技术指标

(1)防水帽和呼吸阀主体材质用聚丙烯材料塑模加工,耐油、耐温120℃不变形,-50℃不脆变。

(2)呼吸阀组装后,直径58mm,长度88mm。

(3)卡簧、不锈钢滤网、O形橡胶圈均为标准件。

3 现场应用情况

(1)改进后的呼吸阀,2012年起在大庆油田3750口抽油机井安装使用。应用后的抽油机井未发生因呼吸阀进水、进砂造成的齿轮油污染、呼吸阀堵塞等问题,其防水、防尘和防堵塞效果好。

(2)改进后的呼吸阀推广应用四年来取得了较好效果:

①防水、防尘和防堵塞效果好。

②降低了减速箱故障率,延长了减速箱使用寿命,提高了抽油机运转时率,增加了产油量。

③节约润滑油费用,减少环境污染。

④减轻员工的劳动强度,提高工作效率。

⑤四年累计创效100多万元。

(3)改进后呼吸阀适用所有抽油机减速箱,推广覆盖率高、前景好,具有较好的经济效益和社会效益。

(4)获奖情况:2010年获大庆油田有限责任公司重大技术革新一等奖;2013年获实用新型专利,专利号:ZL201320411502.4。

——《浅谈抽油机减速箱呼吸阀工艺改进与应用》

> **简析**
>
> 对"抽油机减速箱呼吸阀改进"这一重点内容,通过结构改进、改进后的工作原理、技术指标等几个层面予以表述;由于"原抽油机减速箱呼吸阀结构与问题"这一内容不是重点,且在引言中已有所提及,故将其放在第二部分先予以简述。这样的段落安排布局既使重点内容得到了突出,又使全文篇幅简洁紧凑。文章的用词用语较为精练,文字表达清晰准确,图示符号基本规范。

例二

1 试验部分

1.1 检测原理

进样器将样品送入高温裂解炉,在进样的过程以氩气为载气,经氧化裂解,样品在炉管内与氧气反应生成一氧化氮(NO),其中少量的NO_2在钼转化器中转变成NO,气流经过干燥器除去水分,再经过纸制纤维除去烟尘及其他不理想颗粒。在反应室中与臭氧反应生成NO_2^*(激发态),激发态NO_2^*回到基态时以光子形式释放能量,反应方程如下:

$$R-N+O_2 \xrightarrow{heat} CO_2+H_2O+NO$$
$$NO+O_3 \longrightarrow NO_2^*+O_2$$
$$NO_2^* \longrightarrow NO_2+h\nu$$

光电倍增管检测激发态的NO_2^*衰变时产生的光子,积分成面积,再转换成氮浓度的数值。

1.2 仪器与试剂

总氮分析仪 TN3000 型与液体自动进样器 0019 型均为 Thermo Fischer Scientific 公司生产;液体微量注射器:100μL;氮标准物质:0.2mg/L、0.5mg/L、1.0mg/L、3.0mg/L、5.0mg/L、10.0mg/L 等系列标准样品为北京石油化工科学研究院生产;氧气与氩气:纯度不小于 99.998%。

1.3 仪器的主要参数

温度模块:进样器、裂解炉 T_1、T_2 温度分别为 500℃、1000℃、1000℃。最大压力:0.2~0.3MPa;气体流量:主氧气、辅氧气、氩气、臭氧发生器氧、补充氧流量分别为 300mL/min、100mL/min、100mL/min、100mL/min、600mL/min。

2 影响分析准确性的因素

2.1 化学发光强度

化学发光强度与反应室的压力、温度及气体流速比等因素有关。为了得到稳定的发光强度,TN3000采用气流流速控制系统(C.F.I.S)控制混合气的流速和压差,同时采用帕耳贴制冷的恒温方法来减小温度的影响。当反应温度一定、参加反应的臭氧与NO充分反应时,样品中的NO浓度与化学发光强度成正比。当反应室压差过小时,响应信号会显著降低;当温度偏高(>0℃)时,基线会明显升高,因此,分析样品应时刻检查C.F.I.S和制冷工作是否正常。化学发光法测定的NO浓度较大时(>0.1%),偏离线性关系就比较明显,所以该方法一般只适于测定微量总氮。

2.2 标准工作曲线

在分析过程中,标准工作曲线绘制的好坏是氮含量测定过程中影响结果准确性的重要因素。绘制工作曲线时,每个点3次重复测定的峰面积RSD在3%以内,绘制出的标准工作曲线的相关系数可在0.999以上。为了验证绘制出的工作曲线的稳定性,可采用"单点校正法"校验标准工作曲线,即在样品分析状态下,用任意一标样(0.5mg/L、1.0mg/L、5.0mg/L进样)比较其测定值与真实值是否相符,若一致,标准工作曲线校验完毕,即可进行样品分析。

2.3 裂解温度

由检测原理可知,样品进入裂解炉经氧化裂解后,氮化物转化为NO气体,再与臭氧发生反应生成NO_2^*,NO_2^*释放出能量被光电倍增管吸收转化为电信号,从而检测氮含量。因此控制试样中的氮能否定量地转化为NO,是准确测量的关键,图1给出了裂解温度与响应值间的关系。

由图1可知,裂解温度低于800℃时,由于氮燃烧不充分,不利于NO的生成,使检测结果偏低,同时会造成裂解管出口处形成积炭,损坏仪器。当裂解温度从900℃增至1000℃时,检测显示值随之增大,但在1000℃以上,随温度升高检测显示值增加缓慢,而且温度越高,NO会被氧化成NO_2,同时还会使石英管老化越快,其内壁发白且粗糙,使用寿命缩短,因此,选择1000℃作为裂解温度,既能延长裂解管的使用寿命,又有利于NO的生成,确保分析结果的准确度。

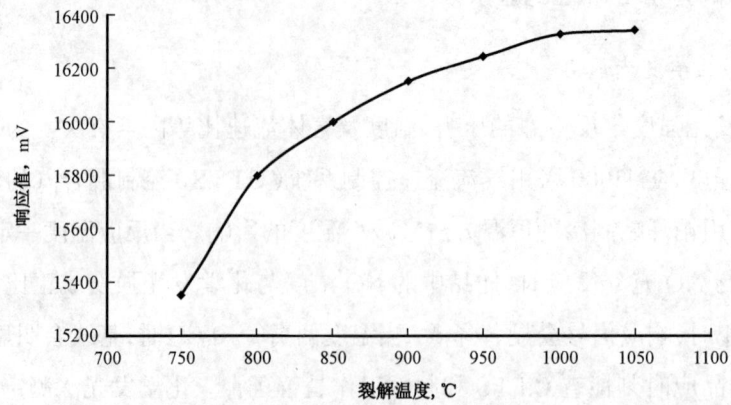

图 1　裂解温度与响应值的关系

2.4　主氧气、辅氧气及氩气流量

主氧气的作用是将样品汽化后挥发性组分中的氮氧化为 NO，辅氧气则可以提高样品的转化率，所以，主氧气和辅氧气的流量过小不利于样品氧化，易形成积炭；流量过大时易生成 NO_2，同时没有足够的时间让样品完全燃烧。这两种情况都会使检测显示值变小。而氩气流量过小，进样器针头容易被氧化，过大则不利于样品氧化，也会影响检测结果。经过多次试验考察，再根据图 2 的实验结果，本试验的主氧气、辅氧气及氩气气体流量分别在 300mL/min、100 mL/min、100mL/min 时测量结果较好。

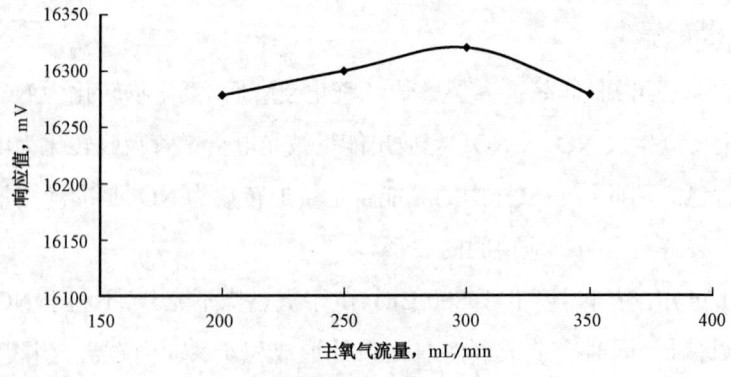

图 2　主氧气流量和响应值的关系

2.5　进样速度和进样量

在分析过程中，选择不同的进样速度，对分析结果的准确性也有一定的影响。自动进样器的推进速度要根据氮的积分峰形来调节，以保证氮的积分峰形近似为等腰三角形。如果进样的速度太慢,容易造成峰的拖尾现象,测量的数据不准确;太快则超过了样品的汽化速度,会使样品瞬时缺氧燃烧不完全而使样品中氮化物转化成 NO 的收率降低,使测定结果偏小,同时易造成半透膜分离管中及裂解管口处形成大量的积炭。在分析过程中,不能改变进样速度,以免影响分析精度。对于低含量的样品,进样量可大些,这样有利于生成 NO;对于高含量的样品,进样量要小,否则氮化物不能完全转化为 NO,从而影响测量结果的准确性。经多次试验,认为选择使用 100μL 注射器进样量为 100μL、进样速度为 0.6mg/min 比较合适。1.0mg/L 标样不同进样速度下的测定结果见表 1。

表 1 进样速度与测定结果

进样速度(mg/min)	0.3	0.6	1.0
响应值(mV)	4164.9	4412.8	4290.8
测定值(mg/L)	0.91	1.00	0.95

2.6 气密性

试样裂解后以气态的形式存在,若进样口的进样垫泄漏、密封不好,裂解管两端与石英连接件的球形磨口连接不当,半透膜管和气路各接头处发生泄漏等,都会造成一部分气体逸出,会使响应信号减弱,分析结果偏低,表现为分析结果的重复性变差,结果见表 2。

表 2 在进样口密封垫漏气时 0.5mg/L 标样测出的结果

序号	1	2	3	4	5	6
响应值(mV)	2318.0	2773.4	2963.5	2516.8	2406.7	3028.9
测定值(mg/L)	0.38	0.49	0.56	0.43	0.39	0.58

在分析过程中,如发现响应值重复性不好,及时更换进样口进样垫;若响应值重复性仍不好,则检查各接口、气路的密封性。

3 已知样品的准确度考察

裂解炉温度控制在 1000℃,进样垫、气路接口密封良好,以 0.6mg/min 速度进样,重复 6 次测定已知样品的氮含量,其分析结果见表 3。

表3　已知氮含量样品准确度考察（$n=6$）

序号	氮含量（mg/L）		相对标准偏差（％）	回收率（％）
	标准值	测定平均值（测量值）		
1	0.2	0.17（0.18,0.20,0.16,0.17,0.16,0.17）	8.7	86.7
2	0.5	0.53（0.49,0.54,0.48,0.55,0.54,0.56）	6.3	105.3
3	1.0	0.96（1.01,1.03,0.94,0.94,0.95,0.91）	4.8	96.3
4	3.0	2.95（2.91,2.95,2.99,2.92,3.02,2.93）	1.5	98.4
5	5.0	5.06（5.14,5.15,5.01,4.92,5.03,5.09）	1.7	101.1

由表3可以看出，当氮含量小于1.0mg/L时，实测氮含量与理论氮含量的相对标准偏差在10％以内。当氮含量大于1.0mg/L时，实测氮含量与理论氮含量的相对误差在5％以内，回收率均在85％～106％，可见，利用该方法准确度较高。由于所购的标样浓度所限，对于更高浓度的准确性没有考察。

——《TN3000化学发光定氮仪分析准确性的影响因素》

简析

对于分析方法研究的论文，一般采用递进结构撰写，符合研究工作的逻辑思路。本文分三个层次，首先在试验部分中将分析方法所采用的检测原理、试剂、测试仪器及仪器参数等特征信息交代清楚，然后对影响分析方法准确性的各项相关因素展开讨论，在这个层次中，每项影响因素之间采用的是并列结构；最后采用前面经讨论得到的各项影响因素最佳控制条件进行了方法准确度的考察。

一、摩擦及其形式

柴油机在工作时，运动件的接触面以很高的速率做相对运动。各摩擦表面虽然都是经过精细加工，看起来似乎十分光滑。可是，如果把它拿到放大镜下观察，就会发现表面仍存在着高低不平的现象。这些微观凸起的表面相互碰撞，阻碍着机件的运动，便出现摩擦现象。两个相互接触的表面发生相对运动或具有相对运动趋势时，在接触表面间产生的阻止相对运动或相对运动趋势的现象称为摩擦。两个相互接触的表面在发生相对运动时，物质微观粒子运动加快，内能增加，宏观上便产生热量，这就是摩擦生热。

两物体相互摩擦所产生的热量可通过以下公式计算：
$$Q=\mu fh \tag{1}$$
式中　Q——摩擦产生的热量，J；
　　　h——两个物体之间相对滑动的距离，m；
　　　μ——摩擦系数；
　　　f——物体上的外加正压力，N。

由式（1）可知，当摩擦副的材质和表面性质不变时，物体摩擦产生的热量与摩擦系数、相对移动的距离、压力成正比。因此，物体摩擦表面温度的高低主要和以下因素有关：

（1）摩擦表面的相对运动速度。摩擦表面的相对运动速度越快，表面温度越高。

（2）柴油机的负荷。摩擦表面的压力越大，摩擦表面温度越高。

（3）摩擦表面粗糙度。摩擦表面越粗糙，摩擦力越大，摩擦表面温度越高。

柴油机主要运动件之间的摩擦都是以滑动摩擦的形式出现，怎样减少滑动摩擦对柴油机产生的危害呢？式（1）证明：要降低摩擦表面的温度，在相对位移和外加正压力一定的情况下，应该尽量减小摩擦系数。实践证明：减少表面摩擦最有效的办法就是在各摩擦表面上覆盖一层润滑油，使各摩擦表面间形成一层薄的油膜，可有效降低摩擦表面温度，减缓磨损。

根据摩擦表面润滑油的分布情况，可将摩擦形式分为五种：

（1）干摩擦：两摩擦表面间没有任何润滑油所产生的摩擦。

（2）液体摩擦：两摩擦表面完全被润滑油隔开时所产生的摩擦。它的摩擦系数很低（0.001～0.005），可以防止磨损，减少功率损失。

（3）边界摩擦：润滑油仅在两摩擦表面形成一层很薄的油膜，牢固地黏附在摩擦表面上，边界摩擦实际是液体摩擦向干摩擦转化的最后界限。

（4）半液体摩擦：两摩擦表面同时存在液体摩擦和边界摩擦的现象。从整个摩擦表面上来看，液体摩擦占主导地位。

（5）半干摩擦：两摩擦表面同时存在干摩擦和边界摩擦的现象。从整个摩擦表面上来看，干摩擦占主导地位。

综上所述，液体摩擦是最理想的摩擦，工作摩擦系数最小。因此，应在可能的情况下，最大限度地追求液体摩擦。

二、润滑油膜的形成

柴油机中大多数摩擦表面润滑属于流体动压润滑,即通过摩擦表面形成稳定的油膜来实现润滑。下面以轴颈与轴承的润滑为例,说明油楔作用的形成原理。因轴颈与轴承有一定的配合间隙,当轴颈在轴承中静止时,它停留在轴中心正下方的轴承位置上。这时在轴承中垂线左右两侧形成一个弯曲的油楔;当轴颈开始转动时,速率较低,轴颈与轴承底部仍属于干摩擦状态,由于润滑油具有一定的黏度并黏附在轴颈的表面,随着轴颈的转动,轴承中右面油楔的油量逐渐增多,而左面油楔的油量相应减少,于是,左右两油楔便产生了一定的压力差,迫使轴颈向左上方移动。轴的转速达到一定值时,增大的油楔压力便将轴抬起,从而使轴颈与轴承之间形成有一定厚度的油膜。

由此可见,良好的润滑是在摩擦表面形成一层具有一定厚度且稳定的油膜,而稳定油膜的形成与维持,必须通过足够高的润滑油压力来保证。

三、润滑油工作条件及性能要求

润滑油在柴油机各部位的工作温度不一样,如缸套与活塞组之间的润滑油,处于油膜状态的摩擦面,温度在 100～350℃;主轴承和连杆轴承的平均温度在 100～150℃;其余部分机油的工作温度一般均在 100℃以下。

由于在温度高、负荷大(如主轴承负荷可达 980～1176kPa,活塞环处负荷高达 1960～2450kPa)、速度快(如活塞速度高达 4～12.5m/s)的环境下工作,因此对润滑油的要求是:减少磨损、腐蚀,带走热量,不易产生积炭和胶状氧化物。

众多参数中黏度是润滑油最主要的指标,它表示润滑油的稀稠程度和流动性。润滑油黏度大,承载能力强,易形成油膜。但是,黏度也不能过大或过小。黏度过大,会造成柴油机摩擦消耗功增大,功率下降,启动困难;黏度过小,润滑性能变差,零件加速磨损。

因此,必须让润滑油在规定的温度范围内工作(柴油机润滑油温度应不高于 90℃),保证柴油机的正常运行。

四、润滑油温度过高产生原因

1. 润滑系统故障,导致润滑油温度过高

为维持润滑油建立稳定的油膜,必须不断给摩擦表面补充润滑油。因此,足够油量是保证柴油机正常润滑的基本条件。润滑油量不足,摩擦的形式由理想的液体摩擦变为边界摩擦,甚至干摩擦,摩擦产生的热量急剧增多,造成柴油机温度升高;油底壳内液面过高时,散热不及时也能使润滑油温度升高。

润滑油量不足表现在以下方面:

(1)机油压力表指示错误。

(2)油底壳润滑油量不足。

(3)润滑油泵故障,使进入摩擦表面的润滑油量不足,致使摩擦表面产生半干、半液体摩擦,导致油温升高。

(4)调压阀-单流阀部件失效。

(5)润滑油管线泄漏或密封不严,致使润滑油外泄。

2. 冷却系统故障,导致润滑油温度过高

柴油机冷却系统故障时,导致冷却液温度升高,不能及时带走摩擦表面的热量,在热传递的作用下,循环于柴油机中的润滑油温度急剧升高。

3. 机油冷却器结垢或污堵,使润滑油散热不良,导致油温过高

当机油冷却器结垢较多或管路污堵时,流经冷却器的冷却液量减少,不能及时带走润滑油的热量,使润滑油温度过高。

4. 机油滤清器堵塞或润滑油杂质过多,使磨损加剧,油温过高

机油滤清器的作用是将机油冷却器冷却后的润滑油通过机油滤清器,向润滑系统输送清洁的润滑油。当机油滤清器严重堵塞,滤前滤后压差超过 196kPa 时,旁通阀便自动打开,使润滑油不经滤芯直接被送往主油道。这时含有杂质的润滑油进入零件的摩擦表面间,相当于在两零件的摩擦部位间加入了磨料,使磨损加剧,润滑油温度陡然上升。

5. 活塞环窜气严重,造成曲轴箱温度升高

活塞环按功用可分为气环和油环两类。气环的作用是密封汽缸,防止燃气窜入曲轴箱,并传送活塞顶部所吸收的热量;油环的作用是刮下汽缸壁上过多的润滑油,防止润滑油窜入燃烧室。因此,我们这里讲的窜气主要是指气环失效。气环在自由状态下其外径大于汽缸内径。气环装入汽缸后,在自身弹力作用下,与汽缸壁贴合,使压缩气体不能从环外圆与汽缸壁之间通过,有少量压缩气体通过开口间隙窜入活塞环槽内,增大了活塞环背压力,使活塞环密封性能显著提高。尽管活塞环因自身弹力所引起对汽缸壁的压力比背压小得多,但活塞环的自身弹性却是保

证其与汽缸壁可靠密封的前提。若自身弹力消失,即环周与缸壁间出现间隙(所谓的活塞环"漏光"现象),高温燃气将直接窜入曲轴箱,而使润滑油温度升高。

6. 轴瓦配合间隙过大或过小,造成润滑油温度过高

从油膜形成的原理可知,摩擦表面间必须存在一个"空间",便于形成油膜,这个"空间"即为运动件的配合间隙。若没有足够的配合间隙(配合间隙过小),则根本不可能形成完整的油膜,也就是说,轴瓦与轴颈在运动中不能形成可靠的液体摩擦,其间产生的摩擦热量增多,直接导致润滑油温度过高;若轴瓦配合间隙过大,润滑油泄漏,使得稳定的且具有足够承载能力的油膜不能形成,摩擦表面之间变为半液体、半干摩擦或边界摩擦,造成润滑油温度过高。

7. 柴油机负荷过重,造成润滑油温度过高

柴油机的负荷越大,则需要润滑油膜具有更大的承载能力,足以将运动件(如轴颈)抬起的油膜压力。当负荷超过柴油机的额定功率时,润滑油膜将遭到破坏,摩擦表面出现边界摩擦或干摩擦,导致润滑油温度过高,磨损加剧。

五、机油温度过高的危害

在柴油机中润滑油起到润滑、冷却、净化、防锈、密封和减振作用。如果温度过高,将对柴油机产生如下严重危害:

(1)润滑油的黏度下降,不能保证轴承所需的正常油膜厚度,破坏正常的润滑及承载能力。

(2)易使润滑油烧损,加速氧化变质,生成沥青胶状物堵塞滤清器,缩短换油周期。

(3)柴油机运动件产生的热量不能被及时带走,使零件强度大大降低,甚至造成零件破坏。

(4)零件受热膨胀变形,破坏了零件之间的正常配合关系,造成零件损坏。

(5)润滑条件恶化,加速柴油机的早期磨损,大大缩短了柴油机的使用寿命。

(6)油膜厚度变薄,降低减振性能,使柴油机振动加剧。

六、避免润滑油温度过高的措施

润滑油温度过高对柴油机会造成很大的危害,那么在现场实际中应该如何避免其润滑油温过高呢?

(1)合理选用润滑油牌号。在保证润滑油黏度的情况下,应尽量选用黏度小

的润滑油。

（2）确保柴油机润滑油量,液面应保持在油标尺上、下刻度线之间。

（3）保证柴油机冷却系统可靠地工作。对冷却水泵、机油冷却器、散热片、风扇工作状态等部件要密切观察、定期拆检。

（4）保证柴油机润滑系统性能良好。定期拆检机油泵,定期清洗机油滤清器;使润滑油压力在正常的范围内;密切注意机油滤清器进、出口油压的变化,及时更换滤芯,保证柴油机的正常润滑。

（5）密切观察柴油机活塞环与汽缸套密封性能,防止活塞环密封失效。

（6）保证轴瓦与轴颈的配合间隙。

（7）避免柴油机超负荷运行。

——《柴油机润滑油温度过高的原因及对策》

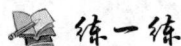
简析

技能人员在现场设备使用维护过程中,要有发现问题、分析问题和解决问题的能力。本文是作者针对常用柴油机使用维护中遇到的温度过高这一现象,进行了详细的分析,从摩擦、润滑油到温度过高的原因、危害及措施进行了介绍,类似教科书式的方式,内容简洁明了,方便读者对相关知识的学习掌握。

现场技能人员可以很方便地发现类似论文的题材,通过分析、查找相关资料、总结汇总等,不仅提高个人知识技能,还有利于知识的传播。

本文中"避免润滑油温度过高的措施"还可以针对"润滑油温度过高产生原因"通过添加参数、规范等标准数据,进行更详细的扩展与介绍。

练一练

请为第五步中写好引言的选题撰写主体部分。

第七步　撰写结论

结论是正论部分的自然延伸,是正论分析问题的结果,是解决问题的部分,古人所谓"豹尾"是也。对于全篇论文,结论起画龙点睛的作用,是整篇论文的归结(有的作者把结论称为结束语)。结论集中地反映出论文的水平,特别是反映出作者提出问题和解决问题的功力、选题立意及其研究结论的价值,同时可以体现作者的文字修养。开头和结尾写得不好的论文,常常被舍弃,这对于作者是莫大的损失。

结论的内容通常表现为一个论断。这个论断应是本论部分论证的结晶,是顺理成章、水到渠成的产物。从形式上来看,通常是文章的结尾。结论部分的最根本任务是给予本论分析问题的答案。它是本论内容的高度概括,但不是本论若干分论点的简单重复和相加。

结论部分的第二个任务是与导论照应。它既与本论相联,又与导论相关。它的写法可以千变万化,但无论怎样写,都要扣到导论部分提出的问题上,或者通过提示论文要旨相呼应,或者通过某种语言形式相呼应,使整篇论文浑然一体。

结论的篇幅不宜过长,一般不应超过全篇字数的10%。

一、熟悉结论的内容

结论是最终的、总体的结论。它是在理性分析和实验结果的基础上,经过严密的逻辑推理而得出的结果。它是对导论中提出的,本论中分析、论证的问题加以综合概括,从中引出结论,使读者能够明确了解作者独到的见解。

结论的内容不是正文中各段小结的简单重复,而是作者在认识上的深化,主要包括以下内容:

(1)从论文的研究结果中总结出什么是规律,解决了什么问题。

(2)作者对前人的研究结果做了哪些修改、补充、发展、证实和否定。

(3)本课题研究的不足之处,对今后研究的设想。

结论应该准确、完整、明确、精练。

二、掌握结尾的常见方法

1. 收处回顾法

收处回顾法即结尾回顾开头,结束全篇。这是论文结尾的"常规"写法,这种写法,使文章的结构显得严谨,论文的结尾一般都是结论部分,离本论接近,离导论较远,一定要注意与导论照应。

2. 鼓舞激励法

鼓舞激励法是在对论点进行了充分论证之后,以饱满的激情鼓舞、激励人们去实现作者提出的正确主张或见解,以结束全篇。

3. 远景描绘法

远景描绘法即对自己主张的必然实现,进行形象生动的描绘,以加深读者对这种主张的印象和为实现这个主张而奋斗的意识。

4. 戛然而止法

一般论文由导论、正论、结论三部分组成,但如果论文的结论与中心论点完全相同,或者是中心论点在正论部分已经论证得很充分了,没有必要在结尾时重复一遍,如果硬要加上一个结论,那就是画蛇添足了。

三、撰写结论应注意的事项

结论也是对摘要和引言的呼应。撰写结论应注意以下几点:

(1)结论的措辞必须严谨、严密,文字不宜过长。撰写技术论文的结论,必须注意完整性、准确性、简洁性和客观性。结论的语句只能作为一种解释。肯定或否定应明确,不用"大概""或者""可能"一类词,以免使人有似是而非的感觉,从而使论文失去真实性。

(2)在技术论文的结论中,应给出主要论点、重要结果、应用价值和发展方向。

(3)如果论文不能导出应有的结论,也可以在进行必要的讨论后没有"结论",或在"结论"中提出建议或提示待解决的问题。

(4)要完整,在汇集论文要点的基础上,以论点、结果、价值和展望为要素,完整地撰写技术论文的结论。

(5)要准确,结论不是正文的延续和补充,它应该准确地归纳正文的研究结果及其价值,要实实在在而不能言过其实。

(6)要简洁,结论不是摘要的翻版,也不是正文中章节、小结的简单重复,要用明确、精练的语言,明白无误地给出论文最终的、总体的结论。

(7)要客观,结论必须客观地评述论文的科技价值,不要把结论变为论文的广告。

(8)不可强加于人。

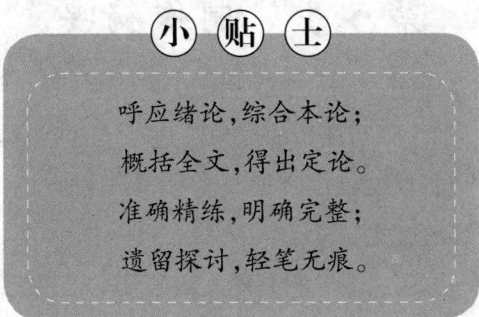

小 贴 士

呼应绪论,综合本论;
概括全文,得出定论。
准确精练,明确完整;
遗留探讨,轻笔无痕。

例一

结论及认识：

（1）防水帽可防止雨水经呼吸阀上呼吸孔道侵入减速箱。

（2）不锈钢滤网可过滤掉空气中的灰尘颗粒，防止灰尘颗粒侵入减速箱。

（3）呼吸阀上呼吸孔道改为上、下垂直结构。可使滤网过滤掉的灰尘颗粒和杂物在重力的作用下自行脱落，能有效防止呼吸孔道堵塞、减速箱漏油等问题。

（4）安装在呼吸阀底部的O形橡胶圈，可防止雨水从呼吸阀底部渗入到减速箱内。

——《浅谈抽油机减速箱呼吸阀工艺改进与应用》

简析

结论比较准确、完整、明确，语言简洁。

例二

在使用TN3000化学发光定氮仪分析氮化物的含量时，绘制出较好的工作曲线，控制稳定的裂解温度和气体流量，选择适当的进样速度和进样量，保证进样口各连接处密封良好，就可得到准确可靠的氮含量分析结果。

——《TN3000化学发光定氮仪分析准确性的影响因素》

简析

本文中结论内容是从前面实验或观察结果中抽象概括出来的一个判断，符合结论撰写要求。

练一练

请为第六步中撰写主体的选题撰写结论。

第八步　制作摘要

摘要是论文的附加部分。GB 7713.3—2014《科技报告编写规则》指出，"摘要是报告、论文内容不加注释与评论的简单陈述"。GB/T 6447—1986《文摘编写规则》指出，摘要是"以提供文献内容梗概为目的，不加评论和补充解释，简明、确切地论述文献重要内容的短文"。

摘要必须是"摘"论文之"要"，它是论文内容基本思想的缩影。摘要也为文摘索引杂志等二次出版物转载提供了方便。摘要包含了论文的全部信息,要求简短扼要,还应能引人入胜。写得好的摘要能让读者看了之后想读论文的全文。

凡文献标识码定为 A、B、C 三类的期刊文章均应附中文摘要,其中 A 类文章还应附英文摘要。

摘要的字数一般为 100～300 字,中文摘要前加"摘要:"或"[摘要]"作为标识,英文摘要前加"Abstract:"作为标识。

一、摘要的内容

摘要是对论文目的、方法、结果、结论等内容不加注释和评论的简短陈述,它是论文的缩影。能为读者提供全文的必要信息,可以根据摘要的内容确定是否阅读全文,同时也为检索工作提供方便。

摘要不是原文的解释,而是原文的浓缩,其中既要有数据,又要有结论,是一篇完整的短文。因此,摘要应具有独立性和自含性的特点,就是说不阅读全文,也能获得与原文同等量的主要信息。

研究的目的、方法、结果和结论是摘要内容的四个要素。

二、编写摘要要符合特性

技术论文的摘要应具有独立性、全息性、简明性、可检索性的特点。

1. 独立性

摘要不是论文的广告词,也不是论文的开场白。摘要是完整的短文,可以独立使用,应构成独立短文。

例如,原文是"一种提高雷达精度的方法"文稿的"摘要":"提出了一种提高雷达角跟踪精度的方法,该方法减小了系统静差和随机误差,使角跟踪系统满足现代雷达的要求。"

上述的"摘要"太简单了,不能构成独立的短文,"摘要"应给出技术背景、解决方法、简单工作原理、技术效果等内容。应围绕着论文的创新点,修改为如下短文:

"在分析雷达经典角跟踪系统存在问题的基础上,提出了一种提高雷达角跟踪精度的方法。该方法利用角度卡尔曼滤波和多普勒跟踪回路的信息,估算目标视线角速度,并且在角跟踪回路中增加了速度控制,从而减小了系统静态误差和随机误差,使角跟踪系统的跟踪精度满足现代雷达的要求。"

2. 全息性

摘要的全息性是指摘要必须反映论文的全部信息。全息性又称为自含性或自明性,即不阅读论文的全文,就可以从摘要中得到必要的信息,对接着出现的文稿就有了大致的了解。

分析以下 3 个摘要是否包含了论文信息。

(1)《有源隐身技术》文稿的摘要:为了保存自己,消灭敌人,越来越多的武器系统采用高科技技术来避免被敌方雷达发现,本文着重讲有源隐身技术。

上述"摘要"内容空洞,"为了保存自己,消灭敌人"纯系多余,弹了高调而未给出论文的主要信息。

(2)《压力容器焊接管理模式的建立》的摘要:"对有关压力容器焊接管理的要求进行了对照,建立了与 ISO 标准、《压力容器安全技术监察规程》体系、ASME 规范要求相融合的、比较完善的焊接管理模式。"

上述"摘要"虽然不像前面一个摘要那样空洞无物,但也基本上没有讲出压力容器焊接管理的模式。没有恰如其分地介绍为什么称为是"比较完善的焊接管理模式"。

(3)《利用扩散焊进行分层实体制造》的摘要:"采用真空辐射加热扩散焊技术,研究多层薄壁不锈钢造型材料的实体制造工艺。表明试样的宏观变形是焊后主要工艺缺陷。变形有一侧开口翘起、宏观翘曲变形、表面起皱以及局部塌陷等形式。根据焊合率选取适当低的焊接温度,配合较小的焊接压力,以及严格调整上、下压头的平行度,可以有效地抑制宏观变形,并使得试样厚度方向的收缩率得到控制。"

上述之(3)是一个符合要求的摘要,它给出了论文的主要信息,用 160 个字把事情讲清楚了。

3. 简明性

GB 7713.3—2014 指出,"中文摘要一般不宜超过 200~300 字,外文摘要一般不宜超过 250 个实词。"

摘要应该用字精练,简明扼要。一般认为 200~300 字比较适宜,不同的杂志编辑部对摘要的字数限制是不一样的,最多可为 500 字以内。

摘要不分段、不列式、无图表。

要实现简明扼要,必须要淡化研究背景、基础理论和基本技术的描述,摘要应突出论文的创新点。即：摘要不能太简单,该说的不说;也不能太啰唆。

4. 可检索性

对标题、关键词、摘要的检索是三种不同层次的检索。标题检索是"标签式"检索;关键词检索是"条目式"检索;摘要检索是"短文式"检索。通过对摘要的检索,可以获取论文的全部信息。一些优秀技术论文,由于摘要撰写不当,没有反映出文稿的主要信息,因而使论文未被选入检索系统,失去了大量读者,十分可惜。所以说,在杂志编辑部允许的字数范围内,摘要应尽可能反映出论文的主要信息。

有的作者认为,文章的精华全在论文中,没有必要在"摘要"上下功夫。实际上,作者并没有注意到"摘要"的作用和影响力。在很多时候,参加论文评审的专家全文阅读论文的可能性很小,他们主要是看"摘要"和"结束语"。对所关注的部分,才阅读相关的段落。所以,对"摘要"这个非常重要的短文的作用不可低估。

有些作者习惯于用"套话"与"虚话"来编写摘要,如"本文介绍了……技术背景,分析了……工作原理,给出了……实验结论,指出了……发展方向"等。这类摘要不去概括论文的中心内容,不突出论文的创新点,形同虚设。不"摘"论文之"要"的摘要,是毫无意义的。

摘要的独立性、全息性、简明性和客观性是可检索的基本保证。换言之,只要把论文中的重要信息,简明、客观地组合成独立的短文,就是一篇高质量的摘要。这样的摘要必然具有可检索性,被较高级别的检索机构收藏的可能性也就随之增大。

三、掌握摘要编写的基本方法和注意事项

摘要编写的基本方法有以下两种:

(1) 缩小列举法:依照论文本身的逻辑顺序,把分论点及结论连缀成文即可(报道性文摘),适于论点清晰、结构严谨、论证完善、逻辑缜密并有总结性文字的文章。

(2) 提炼重构法:将论文的主要内容吸收提炼,不采用原文行文顺序,进行高度凝练和概括(指示性文摘),适于论点论据模糊、概括性差的文章。

摘要编写注意事项有七点:

(1) 切忌把应在引言中出现的内容写入摘要。

（2）不要对论文内容作诠释和评论（尤其是自我评价）。

（3）不要简单重复题名中已有的信息。

（4）结构严谨，表达简明，语义确切，系统完整，不分段落。

（5）要使用规范化的名词术语，非通用缩略词、简称、代号首次出现须加说明。

（6）一般不用数学公式和化学结构式，不用插图和表格。

（7）不用引文。

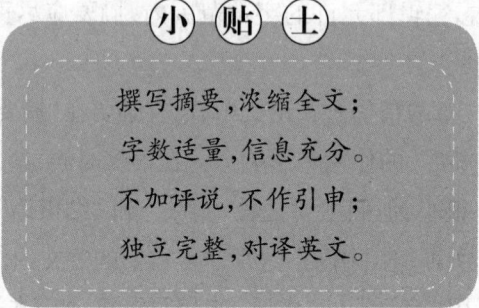

小 贴 士

撰写摘要，浓缩全文；
字数适量，信息充分。
不加评说，不作引申；
独立完整，对译英文。

例文一

本文重点论述因原抽油机减速箱呼吸阀没有防水、防尘和防堵塞功能，在露天工况环境下雨水和空气中的灰尘颗粒等杂物，易通过呼吸阀上的呼吸孔道侵入减速箱，造成减速箱齿轮油污染变质，且灰尘颗粒等杂物容易堵塞呼吸孔道，造成减速箱漏油等故障问题，对减速箱呼吸阀进行工艺改进，实现防水、防尘和防堵塞三项功能，并介绍了改进后减速箱呼吸阀工作原理以及在实际生产中应用所取得的社会效益和经济效益。

——《浅谈抽油机减速箱呼吸阀工艺改进与应用》

简析

摘要的篇幅和表述方式基本符合规定，通过对本文做了什么、得到了什么、有什么效果等方面的叙述，使内容基本具有了对全文予以简介的作用和效果。

例文二

文中分析了使用 Thermo Fischer TN-3000 型化学发光定氮仪分析准确性的影响因素，并针对存在的问题提出了相应的解决办法。

——《TN3000 化学发光定氮仪分析准确性的影响因素》

📚 简析

摘要要求简明确切地对文章主体内容进行概述,一般摘要中第一句话的注语,如"本文……""作者……"等词可以省略。因此,本文摘要中"文中"可以删除。

例文三

本文针对柴油机润滑系统存在的普遍问题——润滑油温度过高使柴油机寿命缩短,甚至使柴油机报废。本文从摩擦的形式、油膜的形成、润滑油的工作形式及性能要求着手,剖析了造成柴油机润滑油温度过高的原因及对策。

——《柴油机润滑油温度过高的原因及对策》

📚 简析

从内容上讲,摘要制作符合规范。但"报废"后面应用逗号,"本文"可以删除,并且即使不删除,两"本文"也是不必要的重复。

📚 练一练

请为撰写好结论的论文制作摘要。

第九步 提炼关键词

关键词,又称键词,是现代技术论文的必要组成部分。GB 7713.3—2014指出,关键词是"为了文献标引工作,从报告、论文中选取出来用以表示全文主题内容、信息款目的单词或术语"。

近年来,为了计算机检索的需要,大部分期刊要求提供本篇论文的关键词。用关键词(Key Words)检索对查找资料很方便。我们选用的关键词应把在查找资料时可能用到的词都包括进去,重要的词尽可能靠前写。至于关键词里应该用哪些重要的名词术语,作者可以作如下设想:假如要从文献中查阅与自己这一工作有关的论文,应该用哪些词,在哪些分类标题下查找较快。

技术论文关键词的数量以3~5个为宜,最多为6个。

一、关键词的解释与选择

1. 关键词的解释

关键词必须反映出全文的主题内容,是学术论文中起关键作用的、最能说明问题的词。它通常来源于题名,也可以从论文中挑选出来。

多个关键词之间应以分号分隔,以便于计算机自动切分。技术论文应选取3~8个词作为关键词。为了便于国际交流,还应标注与中文对应的英文。中文关键词前应冠以"关键词:"或"[关键词]",英文关键词前冠以"Keywords:"作为标识。

2. 关键词的选择

关键词是能够确切地反映论文所研究主题的中心内容、具有专指性和代表性的词或词组。主题词则是专门为文献的标引或检索而从自然语言的主要词汇中挑选出来并加以规范化了的词或词组。补充词是在规范主题词以外的对检索论文具有实际意义的词,用以补充和发展主题词表。关键词是主题词和补充词的总和。

选取关键词要避免随意性和片面性,选取关键词的原则是:既要反映论文的中心内容,又要考虑检索的需要,尽量选取《汉语主题词表》中的主题词。未被词表收录的新学科、新技术中的重要术语以及文章题名中的人名、地名也可作为关键词标出。

二、关键词的特点与提炼

关键词十分重要,读者可以通过对关键词的检索与解读,初步判断论文的技术范畴。选择关键词应注意代表性、通用性、序贯性。

1. 代表性

关键词是从论文的正文、摘要、标题中抽取的表征论文特征内容的技术词汇。摘要是"摘"论文之"要",题名又是"摘要"的摘要,而关键词是以单词或术语形式"摘"摘要之"要",是技术论文的代表性词汇。

例如,论文《数值模拟与优化技术的集成及在CAE中的应用》的关键词选了5个:"CAE,数值模拟,优化,神经网络,遗传算法。"这5个关键词全部从"摘要"中提取,神经网络、数值模拟和遗传算法是该论文的核心内容。这5个关键词中的3个已在题名中出现了。

2. 通用性

关键词主要用于标引或检索,必须选用通用性的、被同行熟知的专用词汇。不要自己制造词汇或省略语,企业内部的缩写用词不可作为关键词使用(企业内部的缩写用词也不应该在正文中出现)。

3. 序贯性

如何把关键词有序排列,目前尚无明确的规范约束。

有些论文的关键词采用频度法排列,即在论文中出现频率高的关键词排在关键词的第一位,但出现频率高的关键词不一定是核心关键词。

有些论文的关键词按汉语拼音的首字母顺序排列,这种排列方法完全没有考虑到关键词的词义。

从同一篇技术论文中选择的关键词,应该属于同一技术领域。建议将关键词按技术配套关系,从前到后,由大到小或由小到大的有序递归排列,使其具有序贯性。

总之,目前对此暂无特殊的限制。

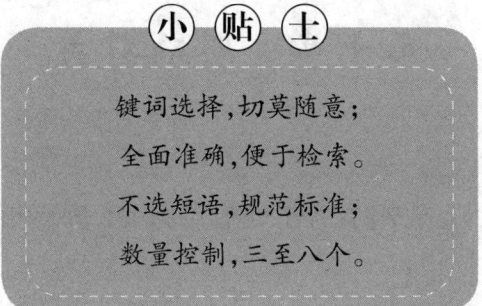

键词选择,切莫随意;
全面准确,便于检索。
不选短语,规范标准;
数量控制,三至八个。

例文一

关键词:抽油机;减速箱;呼吸阀

——《浅谈抽油机减速箱呼吸阀工艺改进与应用》

简析

关键词的选择基本准确,只是意境略有欠缺,对"改进"之意没有完全体现。

例文二

关键词:化学发光定氮仪;准确性;影响因素

——《TN3000化学发光定氮仪分析准确性的影响因素》

简析

所选关键词为在论文中出现的次数最多,题目及摘要中都出现的,本篇论文的关键词选取基本合理。

例文三

关键词:柴油机;润滑油温度过高;原因对策

——《柴油机润滑油温度过高的原因及对策》

简析

关键词应反映出全文的主题内容,可以看出本文中的关键词是从标题提出的四个词汇,其中选用了"原因"和"对策"两词并不太合适,应以反映论文中心内容,具有专指性和代表性的词或词组。

练一练

请为制作好摘要的论文提炼关键词。

第十步 明确引文

一、引文做什么

引文又称参考文献,一般附在结论之后,一般是公开发表的资料。引文的作用有以下四点:

(1)指明作者引用他人观点的研究成果的出处。

(2)便于读者据此追踪查阅原文,进行广泛深入的探讨。

(3)反映作者对本课题研究的深度和广度。

(4)体现出作者严肃的科学态度、所写论文真实的科学依据,也反映作者对前人的科研成果的尊重。

二、怎么引文

学术论文写作,常常引用他人文献。引用他人文献一般有以下几种方式:

(1)较短的引文,不是强调性的,嵌在文中即可,这是段中引文。

(2)如果引用的是原话,要加引号。

(3)如果引用的是原意,则用冒号而不加引号。

(4)重要的或比较完整的引文,要提行自成一段,即提行引文,写时全部要比正文低两格,第一行开头低四格。

(5)说明引文的出处要加注,解释引文中的难点也要加注,加注的方法通常有夹注(用括弧说明)、脚注、章节附注、尾注四种。

三、引文要讲规矩

引文必须讲规矩,不讲规矩会带来很多不必要的麻烦,可能会带来很糟糕的后果。

（1）该引则引。该引不引,犯他人之产权、落他人以把柄不说,更重要的是,使文章流于平淡。

（2）不该引则不引。引其他学科,引自己的大多都是不该引的。

（3）坚持直接引用。也就是如果从A文章见到B文章内容,一般引用A文章。

（4）格式的规范。引文的格式应遵从国家标准。

四、文后参考文献表编排格式

论文的参考文献一般按顺序编码制组织,即参考文献按在正文中出现的先后次序列表于文后;表上以"参考文献:"(左顶格)或"［参考文献］"(居中)作为标识;参考文献的序号左顶格,并用数字加方括号表示,如［1］、［2］、……以与正文中的指示序号格式一致。每一参考文献条目的最后均以"."结束。各类参考文献条目的编排格式及示例如下。

1. 专著、论文集、学位论文、报告

［序号］主要责任者.文献题名［文献类型标识］.出版地:出版者,出版年.起止页码(任选).

［1］刘国钧,陈绍业,王凤翥.图书馆目录［M］.北京:高等教育出版社,1957.

［2］辛希孟.信息技术与信息服务国际研讨会论文集:A集［C］.北京:中国社会科学出版社,1994.

［3］张筑生.微分半动力系统的不变集［D］.北京:北京大学数学系数学研究所,1983.

［4］冯西桥.核反应堆压力管道与压力容器的LBB分析［R］.北京:清华大学核能技术设计研究院,1997.

2. 期刊文章

［序号］主要责任者.文献题名［J］.刊名,年,卷(期):起止页码.

［5］何龄修.读顾诚《南明史》［J］.中国史研究,1998,(3):167-173.

［6］金显贺,王昌长,王忠东,等.一种用于在线检测局部放电的数字滤波技术［J］.清华大学学报(自然科学版),1993,33（4）:62-67.

3. 专著中的析出文献

[序号]析出文献主要责任者.析出文献题名[文献类型标识]//原文献主要责任者.原文献题名.出版地:出版者,出版年:析出文献起止页码.

[7]钟文发.非线性规划在可燃毒物配置中的应用[C]//赵玮.运筹学的理论与应用——中国运筹学会第五届大会论文集.西安:西安电子科技大学出版社,1996:468-471.

[8]马克思.政治经济学批判[M]//马克思,恩格斯.马克思恩格斯全集:第35卷.北京:人民出版社,2013:302.

4. 报纸文章

[序号]主要责任者.文献题名[N].报纸名,出版日期(版次).

[9]谢希德.创造学习的新思路[N].人民日报,1998-12-25(10).

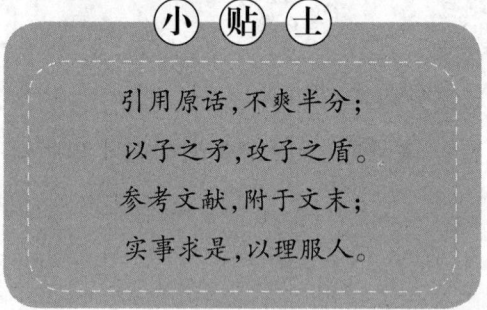

小 贴 士

引用原话,不爽半分;
以子之矛,攻子之盾。
参考文献,附于文末;
实事求是,以理服人。

练一练

请为提炼好关键词的论文标明引文。

第十一步　敲定文稿

"改章难于造章"(刘勰《文心雕龙》雕龙十八刀),意思是改文章比写文章还要难。但难也要改,因为人的认识不可能一次就达到完善的程度,客观事物又是复杂的,要认识深刻、反映准确,就需要反复修改。草稿只是"毛坯",需要对其内容和形式进行认真修改,把不必要的内容毫不留情地删除,使内容和形式更趋完善、统一。

修改所需要的时间,有时甚至超过起草所需的时间。要使论文的观点正确、论据可靠、论证有力、文笔流畅,就必须进行严格的修改。

论文至少需要四稿:腹稿、初稿(草稿)、修改稿、定稿。因此,从某种意义上可以说,好文章是修改出来的。

一、明确修改的方向和重点

1. 修改的方向

论文的修改,一般包括观点的订正、材料的增删、结构的调整、语言的润饰等几个方面。

2. 修改的重点

首先应该把注意力集中到思想内容方面:检查中心论点及其他论点是否已准确、鲜明地表达出来;材料是否充分、妥当、有说服力;其次要考虑表现形式:检查材料安排与论证过程是否合理,层次段落、过渡照应是否恰当;句子是否能够准确表达内容,用词是否正确。对于学术论文,最好应注意论述的形象性和趣味性,使文章增添可读性。

二、修改的内容

修改的内容大致包括以下几个方面:

(1)修改题名。题名是否反映内容主题,是否简明恰当。

(2)增删材料。材料与主题是否统一,是否充实、真实,是否需要补充必要的材料。

(3)调整结构。结构是否为表现主题而安排,各部分的逻辑关系是否协调、合理,文脉是否贯通。

(4)修改语言。对行文进行修改润色,检查语言的表达是否通达流畅、简练明快,是否有重复和模糊的地方。

(5)修改图表。图表是否与内容密切相连,是否直观、形象、精确、得体。

(6)定稿要特别注意行款格式、文字缮写、数字书写、计量单位书写、外文字母书写、图表绘制、参考文献要求等。

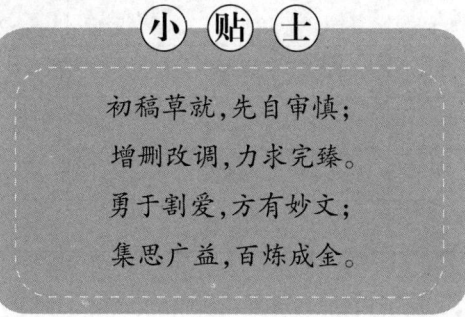

小 贴 士

初稿草就,先自审慎;
增删改调,力求完臻。
勇于割爱,方有妙文;
集思广益,百炼成金。

三、明确注意事项

1. 文字表达

（1）避免政治性错误，文字要严谨，注意国家名、地区名、地图、国界、海域、民族、宗教等正确用词。

（2）文字叙述要符合逻辑，表述的意思内在逻辑关系要正确、合理、一致。

（3）要消灭错字、别字、病句等文字性错误。

（4）概念、原理、定义和论证等内容叙述要清楚、确切、符合科学性。图表、数据、公式、符号、单位、名词术语以及历史人物和事件、参考文献等要写得准确、前后一致。

2. 表

（1）保证表中信息准确、完整。表中符号（正斜体、大小写）、数量、单位等内容应与正文描述一致。注意检查表头栏内参数名称或单位、数据有无错误。

（2）表文要呼应，必须在正文中先进行表述并提及表号，然后引出表，且表紧接对应文字。正文提及表的方式可以叙述为：×××见表1。

（3）表必须编序号，如：表1，表示本文的第一张表。

（4）表内数字和文字有连续重复时，不能写"同上"或"同左"字样，而应该连续写清。

（5）表注主要包括资料来源、普通注解和特殊注解。普通注解是对表格的整体性说明，注文前加"注"字；特殊注解是对表格某一项的说明，注序用阳文圈码①、②、③等编号，分别标在应加注处的右上角和注文前面，以便呼应，注文前不加"注"字。注文紧接表下书写，转行与上一行文字对齐，注末加句号。

【示例】

表1 单井示踪剂试验

层位	空隙度，%	含油饱和度，%
...	...	...
8	21.11	19.8
9	21.56	16.0
10	22.00	32.3[①]
平均	18.00	24.2[②]

注：① 空隙加权；
　　② 渗透率加权。

3. 图

(1)图的要件完整,包括图件、图名、图注等要件。注意图注与图件的一致性和完整性。注意以下方面:①图的坐标内参数名称或单位、数据有无错误;②图中的项目、名称、单位等是否与正文所述一致;③曲线图的形状、方位等是否准确。

(2)图文要呼应,必须在正文中先进行表述,然后引出图,且图紧接对应文字。图中的文字、符号(正斜体、大小写)、数量、单位等内容应与正文描述一致。正文提及图的方式可以叙述为:×××如图1所示,也可以在句中相应处用括号标注,如"根据资料做出页岩密度录井图(图1)"。

(3)图必须编序号,一个图号内有几个并列的图时,各图在画法和大小比例上也应一致并编序号(a)、(b)等。

(4)地质图、机械设备图、电路图要符合相应制图标准。

(5)彩色图使用的注意事项:如果出版的期刊是黑白印刷,则转成灰度图后只有黑、白、灰三级,要检查转成灰度图后能否说明问题。注意检查正文中的表述,如果还有"红色"等颜色的叙述要根据灰度图作相应表述调整。

【示例】

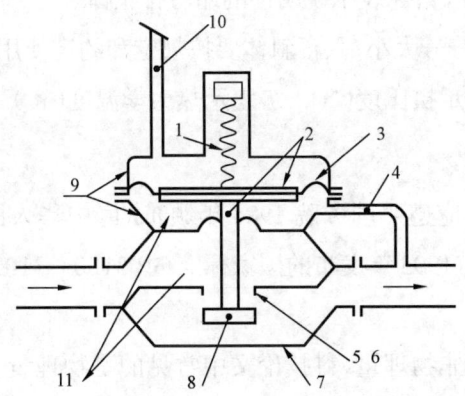

图1 直接作用式调压器

1—设定元件; 2—驱动器; 3—膜片; 4—信号管; 5—阀座; 6—阀垫; 7—调节器壳体;
8—调节元件; 9—驱动器壳体; 10—呼吸孔; 11—金属隔板

4. 公式

(1)公式中量和单位符号的使用应遵照国务院1984年颁布的《中华人民共和国法定计量单位》和GB 3100~3102—1993《量和单位》的规定执行。注意正斜体、大小写、希腊符号的正确用法。

（2）公式序号应用一级编号，用圆括号括起，写在公式同行的右侧顶端。

（3）公式中的每一个符号都应说明。如果某些符号在前面公式中已经说明，紧邻的公式可以不再说明，也不必写"其余符号同前"等文字。

（4）说明文字中有公式的，应将该公式单独列出，紧接主公式另行居中排。

【示例】

$$v=l/t \tag{1}$$

式中　v——运动速度，m/s；

　　　l——运动距离，m；

　　　t——运动时间，s。

5. 符号的正斜体、大小写

（1）使用斜体的情况：① 物理常数、特征数符号（如雷诺数 Re）、几何量符号，以及化学中的旋光性、构型、取代基的位置等；③ 角标表示量的符号排斜体。

（2）使用正体的情况：① 计量单位符号、数学符号、地层符号、人名、地名、机构名称、化学元素符号、粒子符号、原子能级符号等；② 矢量和张量中的运算符号、集合符号排黑正体；③ 角标表示说明性的缩写排正体。

（3）量和单位的符号大小写、正斜体要按规定和约定使用。如速度的符号为 v，体积的符号为 V；t 表示摄氏度（℃），T 表示热力学温度（K）。

6. 量和单位

量和单位的使用应遵照国务院 1984 年颁布的《中华人民共和国法定计量单位》和国家技术监督局 1993 年发布的国家标准 GB 3100～3102—1993 的规定执行。

1）量

量分为物理量和非物理量，科技论文中常见的是物理量。量的名称应使用国家标准最新版中推荐使用的名称，不得使用已经废弃的名称，而且同一个量的名称应全书一致。

（1）量的符号通常是单个字母，有的由两个字母构成，如雷诺数 Re 等特征数。应避免自造多个字母构成的量的符号，可采用下标来区分。

（2）"重量"的单位为牛（N）或千克力（kgf），如"某钻柱在空气中的重量为550N，在钻井液中的重量为500N"。在一般叙述中可指质量，但如出现单位 kg，不能使用"重量"。如：可以说"查验物品的规格、数量、重量是否与单据相符"，不能说"某物体的重量为 20kg",应改为"某物体的质量为 20kg"。

(3)"年"的符号为"a",在叙述性文字中,应根据情况确定是使用符号还是名称。如"3 年 6 个月"不应写为"3a 6 个月"。

(4)不可以将元素符号、化学式作为量的符号使用。如:盐酸的质量不能写成 HCl=5kg,应写成 m(HCl)=5kg 或 m_{HCl}=5kg;铁的质量分数不能写成 Fe%=65%,应写成 u(Fe)=65% 或 w_{Fe}=65%。由于多数化学式本身含有下标(如 H_2O、H_2SO_4 等),不宜再排为下标,建议统一采用括号的形式。

2)单位

我国的法定计量单位包括国际单位制(SI)的基本单位、SI 导出单位和一些非 SI 法定单位。

(1)组合单位中一般不得同时使用单位符号和单位的中文符号,但是当出现"元""台""人"等非物理量单位时,可以混合使用,如"元/kg,台/a"。

(2)单位符号没有复数形式,符号上不得附加任何其他标记或符号。如:生烃潜力的单位不应写作 mgHC/tTOC 或 mgHC/t 岩石,应为 mg/t(HC/TOC)或 mg/t(HC/岩石)。但酸值的单位 mg KOH/g 例外。

7. 数字

数字用法应符合 GB/T 15835—2011《出版物上数字用法》。需注意以下几点:

(1)如果数值中有"万""亿"以及"%""×10^n"时,范围号前也应加上这些字符,如:15%~20%,70 万~100 万元,$2 \times 10^8 \sim 5 \times 10^8$ 或 $(2\sim5) \times 10^8$。

(2)公差的表示。

"15.2mm ± 0.2mm"可以写作"(15.2 ± 0.2)mm",不宜写作"15.2 ± 0.2mm"。

公差用百分数表示是错的。如:"λ=220 W/(m·K)± 20 %",改为"λ=220 ×(1 ± 0.2)W/(m·K)"。

8. 名词术语

(1)应使用标准化的名词术语,不应使用已经废止的名词术语,如:凡尔、盘根等,避免口语化。对于没有把握的名词术语应查证,石油名词可查阅相关专业的名词标准,其他行业可查阅相应的工具书,如《电工名词》《化学名词》等。

(2)全文的名词术语应一致。

下面分专业列出一些常用错的名次术语,见表 1、表 2。

表1 常见量和单位废弃的名称、符号对照

正确的名称	废弃的名称	说明
热力学温度	绝对温度	单位为 K
零开[尔文],0K	绝对零度	
质量	重量	在科学技术中,重量表达的是力的概念,其单位为 N,而质量的单位为 kg,二者不可混淆。只在人民生活和贸易中,质量习惯称为重量
体积质量,密度	比重	无数值,一般性描述时(如比重大)改为"密度";有数值时(如:比重为1.3),改为"相对密度"
相对体积质量,相对密度	比重	
质量热容,比热容	比热	定义为热容除以质量,单位为 J/(kg·K)
质量定压热容,比定压热容	定压比热容,恒压热容	定义为定压热容除以质量,单位为 J/(kg·K)。称为定压比热容违背"比字加在量的名称前用以指该量被质量除得的商"这一规定
物质的量	摩尔数,克原子数,克分子数,克离子数,克当量	单位为 mol。"摩尔数"是在量的单位名称"摩尔"后面加上"数"字组成的量名称,这类做法是错误的
质量浓度	浓度	单位为 kg/m^3 或 g/L,是某物质的质量除以混合物的体积
质量分数	重量百分数,质量百分浓度,浓度	单位为1,是某物质的质量与混合物的质量之比
体积分数	体积百分浓度,体积百分含量,浓度	单位为1,是某物质的体积与混合物的体积之比
浓度,物质的量浓度	摩尔浓度,体积克分子浓度,当量浓度	单位为 mol/m^3,常用 mol/L。是某物质的量除以混合物的体积
r/min	rpm	
m^3	Nm^3(指标准立方米) Sm^3(指基准立方米)	单位符号上不得附加任何其他标记或符号
% 或%(质量分数) % 或%(体积分数)	%(m/m),%(wt) %(V/V)	根据情况决定是否需括注

表2 石油工程专业易用错的术语

正确	错误(不规范)	说明
d_c 指数	d_e 指数	
憋压、憋泵	蹩压、蹩泵	
蹩钻	憋钻	
储层伤害	储层损害(污染)	
窜槽	串槽	
大锤、手锤	榔头	大锤与手锤的锤头质量不同,用途不同,根据语境判断修改
带槽	皮带槽	
短节	短接	
阀	凡尔	
阀门	闸门	"井口闸门"也可使用,"闸阀"是一种阀门
瓜尔胶	瓜胶、胍胶、胍尔胶	
混凝土	砼	
活接头	由壬	
接箍	节箍	
井下动力钻具	井下马达	或根据情况改为螺杆钻具、涡轮钻具
量块	量规	
滤饼	泥饼	
螺钉、螺栓	螺丝	
螺丝刀、螺钉旋具	起子、改锥	
螺纹	丝扣	
螺纹脂	丝扣油	
密封圈,密封填料	盘根	
密封盒	盘根盒	
内螺纹	母扣	
内螺纹接头	母接头	
黏度	粘度	单位如果是"秒",改为"漏斗黏度"

续表

正确	错误(不规范)	说明
膨润土	搬(搬)土	
启动	起动	
气油比	油气比	
橇装	撬装	
外螺纹	公扣	
外螺纹接头	公接头	
旋塞阀	考克	
压窜	压串	
震击器	振击器	
减振器	减震器	
振动筛	泥浆筛	
钻井泵	泥浆泵	不能改为钻井液泵
钻井液	泥浆	水泥浆、泥浆录井是正确的,不能统改
钻井液池	泥浆池	
坐封	座封	

9. 标点符号

标点符号的使用见 GB/T 15834—2011《标点符号用法》,需注意以下几点:

(1)正确断句。一句话结束就用句号,不要"一逗到底";有的句子较长,也不要乱用句号。

(2)并列的几项内容用分号分隔时,每一项之中不能出现句号,否则应将分号改为句号。

(3)连接号的用法。连接号有一字线"—"、短横线"-"、波浪线"～"三种形式。为简便起见,一字线用于标示相关项目(如时间、地域等)的起止,如:2001—2008年;北京—上海特别旅客快车。短横线用于产品型号和名称,图、表、公式的序号中间连线。波浪线只用于表示数字、数值范围。

(4)分隔号(/)的用法。分隔号在中文中使用时的含义一般有下列三种:

① 相当于除号,如"氢/油(体积比)为2.5";

② 表示选择,如"私人/国家所有";

③ 表示两者的结合,如"输入/输出技术"。

10. 机构名称、人名、地名

1)机构名称

机构名称应用全称。当其有标准简称时,可在首次出现时于全称后括注简称,以后用简称即可。

已撤销的机构在文中出现时,若无年代的限制,在机构前应加"原"字。

外国机构一般译出中文名称,而且应使用已通用的译名。

2)外国人名、地名

外国人名、地名已有通用译名者,一定要使用通用译名。无通用译名者,可参照有关资料译出并于第一次出现处加注原文(用括号括出),并注意在全书中前后译名一致;也可不译,直接用原文。

11. 引用标准

国内标准一般分国家标准(GB)、行业标准(如 SY、SH)、企业标准(如 Q/SY),还分为强制标准(GB)和推荐标准(GB/T);国际标准常用的有 ISO、ASTM、API 等。标准代号与标准序号之间有半字空,标准序号与年份之间为一字线,如 GB 17930—2006《车用汽油》;国际标准的年份之前用冒号,如 ISO 9004:2000《质量管理体系 业绩改进指南》。ASTM 标准的"ASTM"与后面的字符之间有半字空,如 ASTM D2140。

书稿中首次引用标准应写出标准号和标准名称,后文提及可省略标准名称。

引用标准应一律核实是否已被废止,名称和标准号是否正确(可查标准目录或相关网站)。

第十二步 投出文稿

技术论文定稿后,就要着手进行投稿了。

一、选择合适期刊

(1)论文的选题要与刊物的定位对路。每一本刊物都有自己特定的宗旨、栏目和专业定位,投稿前必须先对此进行了解。要搞清是季刊、双月刊、月刊还是半月刊、周刊,这直接影响稿件发表的速度。尽量提前 2~3 个月投稿。一般的学术刊物,从接收稿件到样刊出来,需要 2～3 个月。如果是核心刊物,则需要半年或许更长时间。

(2)论文的质量要与刊物的类别契合。公开刊物有核心期刊和一般期刊,还有内部刊物。一般来说,核心期刊的发表难度高于一般期刊,公开期刊高于内部期刊。要根据论文的质量选择合适的期刊。

技术论文质量归根到底是体现在实用性上。作者首先要根据自己的文章进行自我评价,或者请专家等人评价,也可以将自己的文章和与文章相关的文献进行对比,看自己文章质量怎样,然后再决定适合投哪个期刊。

二、熟悉投稿须知

确定投稿的期刊后,一定想办法了解期刊的投稿须知。每个期刊的投稿要求不尽相同,比如投稿的方式、投稿内容、页数、字号、字体、行距、标号、公式、图表、参考文献写法等。

1. 明确投稿方式

投稿主要有三种方式:纸质投稿、电子邮件投稿和网上投稿。纸质投稿一般需要将稿件打印后邮寄给期刊编辑部,电子邮件投稿就是将论文以附件形式发给编辑,有的期刊二者都要;网上投稿就是期刊有网上投稿系统,将论文在网上提交。网上投稿是国外期刊所采用的主要形式,有直观、迅速和方便的特点,但在网上投稿前需要在网站注册大量信息,第一次使用网上投稿会感到麻烦,但可以将第一次注册的信息保存到 Word 文件,以后再在网上投稿时大部分信息复制粘贴就可以了。一定要记住注册的账户名和密码,否则耽误投稿计划。

2. 寻找投稿须知

(1)从现刊获取投稿须知。如果有杂志的现刊,那么一般每一卷的第一期或最后一期杂志中就会有投稿须知。

(2)网上获取投稿须知。对上了网的杂志,直接进入主页;被万方数据库等收录的期刊可在其数字期刊网页查到相关的信息,包括简介、稿约、征订启事、主要栏目、网上站点链接等信息;也可以进入中国期刊网的期刊征稿公告检索页面,去检索想要投稿的期刊。

(3)使用通用搜索引擎获取投稿须知。如在谷歌、百度等搜索栏中,用"期刊名"+"投稿须知"或"稿约",也能快速获取有用信息。

当然，也可以直接联系杂志社，或者向他人求助。

熟悉投稿须知后，就要严格按照要求投出文稿。

三、讲究投稿策略

对于"一稿一投"和"一稿多投"，始终是论文作者的艰难选择。刊物一般都有自己的规定，都反对"一稿多投"，都要求过了采用期之后再改投它刊。但是有的文稿时效性很强，有的文稿发表时间对于作者至关重要，"过了这个村就没那个店"了。在这种情况下，坚持按规定办，过期改投在一定程度上对作者是有失公平的，尤其是有些刊物不用又不及时通知时，采取"一稿多投"的方法不失为一种策略。但这样做会存在一些风险，一个防范风险的办法就是做好投稿记录，收到采用通知后立即通知其他刊物，不要再发。一般来说，知名度不大、刚开始写稿的作者，特别是质量一般的稿件，即使一稿多投，也很少会出现几家刊物同时采用的情况。

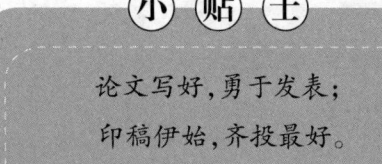

论文写好，勇于发表；
印稿伊始，齐投最好。
知己知彼，讲究技巧；
即使退稿，信心不少。

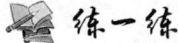

请选择合适的期刊，投出文稿。

下篇

○ 论文可以这样写

在熟悉技术论文写作要素和步骤的基础上,技术论文的写作还有一些捷径可走。即以现有的工作过程和技术革新成果、发明专利的文件资料为蓝本,按照一定的模式和对应关系构架和表述,即可形成一篇技术论文。

一、常见技术论文写作模式

操作人员写作论文往往有一些常用的结构模式,这些模式与平时的工作程序和工作内容密切相关,只要工作的问题解决好了,按照模式表达出来就能成为有价值的论文。

这里提供三种常见的结构模式,按照模式列出的构成要素进行填充的描述,就可以完成论文的写作。

(一)"小型实验+机理(或原理)+生产实际经验"型

这是一种适合于石油石化企业工艺、设备、环保安全专业的技术论文写作模式。三个部分构成写作的基本骨架,第一部分是基础,第二部分是在理论上的总结与提升,而第三部分是实际经验。

例一

柴油乳化性质的研究及其对催化剂装置的影响

龚望欣

(北京燕山石化有限公司炼油厂生产技术部)

摘要:针对柴油在催化裂化生产中带来的一些生产问题,考察了油品性质、温度、掺水量和乳化剂的添加量对柴油乳化性能的影响。研究表明,柴油在温度低的情况下会形成更为稳定的乳化柴油,柴油含水量越少越稳定,柴油含有更多的乳化剂时产生的乳化现象就会更严重,其形成的乳状液体系具有较好的稳定性,直馏柴油比催化柴油更容易产生乳化。因此,在催化剂实际生产中应采取有效措施避免柴油乳化现象对生产造成影响。

关键词:催化裂化;柴油乳化;稳定性;柴油脱水

催化裂化柴油既是催化裂化的一种重要反应产物,又是催化裂化实际生产中不可缺少的一种重要介质,在开工时辅助燃烧室点火升温用到柴油;在开工时一中要充柴油、泵用封油、仪表冲洗油、换热器管线冲洗和疏通在很多情况下还要用到柴油。这就决定了柴油使用的复杂性,尤其在开工阶段还要引进柴油,这样非催化裂化柴油也可能又进入到催化装置,而柴油本身具有很强的乳化特性,这种乳化特性已经对开工时一中循环的建立、开工时各个关键泵的上量和换热器受柴油污染的循环水的处理带来严重影响,因此,一定要研究柴油的乳化特性,把握柴油对催化裂化装置的影响。

柴油在生产过程中有很多能够产生乳化的条件:一是在柴油生产过程中有很多汽提塔汽提,具有与水混合的条件;二是柴油在管线中流动经过许多阀门和管线弯头,这些管线和弯头相当于乳化设备,为柴油的乳化创造了有利条件;三是柴油本身含有乳化剂。为此对柴油的乳化进行以下方面的研究,即柴油乳化后的稳定时间,柴油能稳定多长时间,不同种类柴油的乳化特性如何。这样就可以进一步了解柴油的乳化现象,从而采取有效措施避免柴油乳化对生产的影响。

本文就目前乳化问题进行了基础性研究,从而对催化裂化车间曾经出现的生产问题提供理论依据,并在生产中采取具体防治措施。

1 实验部分

1.1 乳化原料

实验所选用的原料油品为大庆常压柴油和催化柴油。油品的性质见表1。

表1 原料油的油品性质

项目	密度(20℃)(kg/m^3)	凝点(℃)	黏度(20℃)(mm^2/s)
常压柴油	837.9	-6	7.2
催化柴油	814.2	-6	6.1

1.2 仪器和设备

JTM-50型胶体磨(沈阳黎明机械厂);LB801-2型超级恒温器(辽阳市恒温仪器厂);LH301-1型红外快速干燥箱(辽阳市恒温仪器厂分厂);MP2000-1型电子天平(上海第二天平仪器厂)。

1.3 乳化方法及油滴的大小和粒径分布实验

采用乳化剂在油中法,即在100mL烧杯中加入乳化剂和油品,加热到60～80℃,导入JTM-50型胶体磨,然后以细流的形式加入少量水。在胶体磨剪切力作用下制成表观均匀的乳化油品。油滴大小的测定是将经JTM-50型胶体磨油乳化后的菜油置于100mL量筒中,用移液管在载玻片上滴2～3滴乳状液,放在显微镜照相仪下观察,调整放大倍数为400倍,取适当位置照相并计算乳化油滴的大小和粒径分布。

2 结果与讨论

2.1 乳化实验

为观察柴油的乳化稳定性,在室温为14℃观察乳化柴油的破乳和乳析现象。乳析现象即乳状液经放置后由于分散的液珠与介质密度不同,产生的液珠上浮或下沉而使乳状液的浓度上下变得均匀分成两层的现象。其中一层中分散相比原来多,另一层则分散介质多。但乳状液并未被真正破坏,而是分成两个乳状液体系:高浓乳状液和低浓乳状液。此时只要轻轻摇动体系,乳状液又可恢复到原来上下浓度均匀的状态。通常分层的速度快慢与内外两相的密度差、液珠大小、外相黏度等有关。乳化实验结果见表2和表3。

表2 不同掺水量乳化油的稳定性

油样	温度(℃)	掺水量(%)				
		0.5	1	3	5	7
乳化常压柴油	室温	稳定(>96h)	稳定(>24h)	稳定(>24h)	稳定	35min 破乳
	40	稳定(>96h)	稳定(>24h)	稳定(>24h)	乳析	20min 破乳
	60	稳定(>96h)	稳定(>24h)	稳定(>24h)	乳析	破乳
乳化催化柴油	室温	稳定(>96h)	稳定(>24h)	稳定(>24h)	稳定	破乳
	40	稳定(>96h)	稳定(>24h)	稳定(>24h)	稳定	破乳
	60	稳定(>96h)	稳定(>24h)	稳定(>24h)	稳定	破乳

表3 不同乳化剂量乳化柴油的稳定性

油样	温度(℃)	乳化剂用量(‰)					
		0.05	0.1	0.5	1	3	5
乳化常压柴油	室温	10min 破乳	50min 乳析	8h 乳析	24h 乳析	48h 乳析	96h 乳析
	40	破乳	1%~5%试样长时间不破乳(>48h),但发生乳析现象				
	60	破乳	1%~5%试样长时间不破乳(>48h),但发生乳析现象				
乳化催化柴油	室温	破乳	1h 乳析	8h 乳析	24h 乳析	36h 乳析	48h 乳析
	40	破乳	1%~5%试样长时间不破乳(>24h),但发生乳析现象				
	60	破乳	1%~5%试样长时间不破乳(>24h),但发生乳析现象				

由表2、表3可见,柴油含水量越少越稳定,这说明在柴油脱水过程中,随着脱水次数的加强反而有一部分水还在柴油中越来越难以脱除。还可以看出,柴油在出装置温度60℃左右时还算稳定,但到达罐区时由于温度逐渐降低反而形成了更为稳定的乳化柴油。如果柴油由于原料性质的改变含有了更多的乳化剂,则该乳化剂产生的乳化现象会更加严重,因为柴油中含有的芳香物及含氧化合物都是很好的乳化剂。

2.2 乳化机理

根据Gibbs吸附定理,表面活性剂既然能降低界面张力,则其必然在界面吸附。当表面活性剂升高至一定浓度后,界面膜即由比较紧密排列的定向吸附的分子组成,膜的强度较高。另外,Span系列乳化剂含有一定数量的羟基,在界面定向排列过程中,羟基之间可形成氢键,增大表面活性剂分子之间的相互作用力,使界面强度提高;另一方面,复合界面膜的形成亦使界面张力降至更低,界面吸附增加,分子排列更加紧密。乳状液的稳定性大大提高。

乳状液是热力学不稳定体系,油水分散体系中存在着很多小的油水界面。如果使分散界面增加,也就是说使分散相粒度更小,那么就要凭借外力克服表面张力而做功。因此,油水分散体系总是朝表面积减少的方向发展,即小液珠合并成大液珠是一种自发趋势。这样可降低体系的能量,使其稳定。实验中观察到的乳析现象也是一种稳定形式。因为乳析后的油品经振荡摇动后,体系还可在相同的时间恢复到原来的状态,且掺水量越大,乳析层的浓度越大,即使是乳析现象也会对生产带来很坏的影响。

2.3 分散颗粒的大小及分布的影响

乳化油分散相液珠的直径小的为1/10μm,大的可达数10μm。图1和图2分别为乳化常压柴油和乳化催化柴油在掺水量为0.5%时的内相结构图。由图1、图2可见,在两种乳化柴油的体系中,水滴的直径很小,且分布均匀;5~20μm直径的水滴占近80%以上,而直径大于20μm的水滴含量很少。这说明这种乳状液体系的稳定性较好。

2.4 油品性质和温度的影响

实验中发现,不同乳化柴油的稳定性是不同的,而且有很大的差异。在对常压柴油和催化柴油的W/O型乳化油稳定性研究中,得出稳定性次序是乳化常压柴油大于乳化催化柴油。这就说明在开工中引入常压柴油会比引入催化柴油对开工的影响小一些。

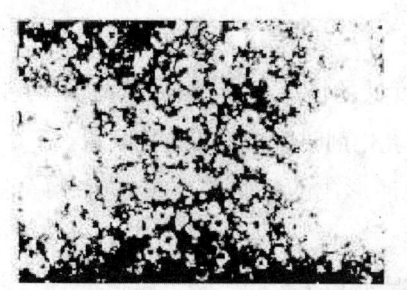 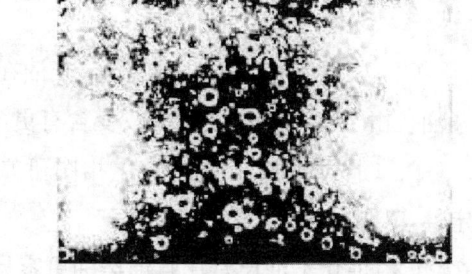

图 1　乳化常压柴油内相结构（显微 400 倍）　　图 2　乳化催化柴油内相结构（显微 400 倍）

在常压柴油馏分中，主要含有 30%～40% C_{10}～C_{20} 的正构烷烃，20%～30% 的异构烷烃，还有一定量的单环、双环和三环烷烃以及单环、双环和三环芳香烃。催化柴油中正构烷烃含量较少，而烯烃和芳香烃，特别是多环芳烃的含量较多。正是以上各种组分含量的不同，导致了两种不同乳化柴油的稳定性不同。

3　柴油乳化现象对生产产生的影响

实例一：在开工引柴油时，如果一中脱水不好或操作员未间隔一段时间进行一中的二次脱水，甚至三次脱水就可能造成一中不上量，这就是由于柴油的乳化特性所致，因为随着时间的延长，一中的柴油会不断地有水析出造成泵不上量。

实例二：在开工过程中，封油罐必须不断地脱水，因为开工所引的柴油可能比平时用的催化柴油的乳化特性还强，而且是低温下的柴油，会含有更多的水，如果脱水时间耽搁了，首先会造成油浆泵、一中泵和回炼油泵不上量。

实例三：在柴油和水换热器中一旦发生泄漏，一般由于柴油压力高会流入水侧，所以发生泄漏时一定要尽快将受污染的水放掉，因为经过的阀门管线越多，循环次数越多，受污染的水越无法脱除柴油，反而会污染更多的水。

实例四：在开工点火炉膛升温时，柴油和水会形成油包水的乳化形式，在炉膛燃烧的瞬间，由于水迅速汽化会膨胀 100 倍形成"微爆"，造成炉火不稳定，对烘温曲线把握不好，炉膛超温。因此，开工点油火时一定要搞好岗位之间的联系，加强分馏岗位的脱水。

基于以上实例，在催化裂化的生产中一定要注意在开工中尽量使用催化柴油，加强柴油的脱水工作，可在封油罐下面加自动脱水斗或在封油罐的侧面加抽出口，适当提高柴油抽出口的位置，这样可以尽量减少柴油带水的可能，保证柴油及时脱水。另外，在柴油换热器泄漏时一定要及时处理，迅速将污染的水放掉或采用破乳剂，但在使用破乳剂时一定要考虑破乳剂对装置的影响。

4 结论

（1）柴油含水量越少越稳定，柴油在温度低的情况下会形成更为稳定的乳化柴油。由于柴油原料性质的改变含有更多的乳化剂时就会加重乳化现象。

（2）通过观察柴油的乳化相图可知，柴油形成的乳状液体系具有较好的稳定性。

（3）催化柴油比常压直馏柴油更容易产生乳化效果。

（4）在催化裂化的生产中，一定要注意柴油的使用，尤其要加强开工过程中柴油的脱水工作。

简析

1. 这种论文的主要特点是利用个人的实际经验来撰写论文。本文的写作"模块"是：首尾呼应式开头＋小型实验＋机理（或原理）＋几条生产实际经验＋结论。

此种类型的论文适合于石化企业工艺、设备、环保和安全专业。这篇文章的写作出发点是后面的四个生产实例，这些实例就是在企业员工已经掌握的实际经验，以这些经验为基础进行丰富和完善就能形成一篇完整的论文。

（1）文章以首尾呼应式开头，主要阐述柴油乳化产生的一些工业环境，以及可能造成的危害，都是围绕"柴油乳化"这个主题在企业中的现象和成因作为写作基础。

（2）"小型实验＋机理＋生产实际经验"是文章的骨架。其中，本文中能使用的小型实验来源广泛，可以是企业里检验中心或研究所的一些油品的性质分析；可以是委托高校或研究机构做的垢样分析；也可以是故障机组的润滑油和润滑脂分析；还可以是安全评价机构的安全评价。

（3）机理和原理一方面有利于提高论文的理论水平，另一方面要用概括的语言对机理和原理进行高度的总结和综述。同时，应对原始文献、资料进行综合整理、比较取舍、分析提高，吸取和消化前人的研究成果，不能原封不动地抄袭文献。

2. 本文中的"小型实验"的写作本身就是一个纯学术性质的典型论文微缩格式。在这里，这个"小型实验的写作部分"既可以是这篇论文的一部分，小型实验本身也可以形成一篇论文。小型实验式论文是高校和研究所技术人员最为常用的一种写作风格。它的基本构成是：原料性质分析＋用到的实验设备＋实验方法和实验过程＋结果与讨论＋结论。

3. 在论文写作过程中，根据实际情况，想办法使文章有"图"、有"表"、有"曲线",这是使文章简练、直观、易懂的有效手段,也更容易使技术人员通过职称评定。

建立表格本身就是技术人员要掌握的技术本领。如类似表2和表3的横坐标可以是不同的添加剂加入量(0.1%,0.2%,0.3%,0.4%),可以是不同的掺水量(1%,2%,3%,4%),可以是各种装置的不同反应温度(500℃,505℃,510℃,515℃)或反应压力(0.280MPa,0.281MPa,0.282MPa,0.283MPa)等;纵坐标可以是蒸馏装置的不同外油掺炼比例,可以是催化裂化装置的不同掺渣比,可以是连续重整装置的来源于不同装置的石脑油加工比例,可以是柴油加氢装置加工不同比例的催化柴油和焦化柴油,等等。

如图1和图2所示,照片也是一种很好的有"图"的表现形式,但是需要注意的是,照片尽可能不选取整个生产装置或整个设备的照片。较好的照片素材包括金属的晶相分析、各种显微镜照片、鉴别各种物质的色谱谱图、体积相对较小的构件损坏照片等。

4. 全文以"催化裂化装置"为主,在其他装置里的工作人员也可能会遇上柴油或其他油品的一些特性给操作带来的影响,那么按照这个思路,将其中的催化裂化装置替换成自己所熟悉的装置,就可以写出风格类似的文章。

(二)"提出问题 + 分析问题 + 解决问题"型

这是一种针对实际问题,剖析原因,寻求解决方法的技术论文写作模式。第一部分以列举的方式,主要是描述重要性、必要性和紧迫性;第二部分主要是通过分析,指出产生问题的原因;第三部分主要是明确处理问题的思考、方法和途径。这种模式在技术论文写作中比较经典。

例二

催化裂化稳定塔底再沸器腐蚀泄漏的分析与对策

龚望欣

(中国石油化工股份有限公司北京燕山分公司)

摘要: 中国石油化工股份有限公司北京燕山分公司掺炼外油后,三催化裂化原料逐渐劣质化,自2004年4月起,稳定塔底再沸器先后三次泄漏。分析认为,稳定塔底再沸器腐蚀的原因为稳定塔底具备了 $HCl—H_2S—H_2O$ 型低温腐蚀和 $HCN—H_2S—H_2O$ 腐蚀环境以及由水分与硫化物结合经加热浓缩并沉淀的高腐蚀环境, H_2S、HCl 和 HCN 同时存在形成相互促进的循环腐蚀过程,引起严重腐蚀泄漏。发生内漏问题后,三催化裂化通过调整管程和壳程差压可维持正常生产,通过分馏塔顶注氨,三催化裂化已明显改善了稳定塔底再沸器的长周期运转水平。

关键词：催化裂化；稳定塔；再沸器；腐蚀

中国石油化工股份有限公司北京燕山分公司(以下简称北京燕山分公司)三催化裂化装置是由中国石化工程建设公司设计,年加工能力为200Mt,掺渣的质量分数为60%,采用并列式两段再生技术,一再为贫氧不完全再生,二再为富氧完全再生；沉降器与提升管为同轴布置。长期以来,北京燕山分公司炼油厂一直以加工低硫、石蜡基大庆油为主,随着大庆原油资源的逐渐减少,北京燕山分公司从2003年7月开始掺炼俄罗斯、阿曼、穆尔班、撒哈拉、吉拉索、杰诺等进口原油,随后开始掺炼5%～7%俄罗斯原油,2005年1月开始掺炼大庆—俄罗斯—冀东混输油,冀东油掺炼比例为10%～20%。自从加工外油和冀东油,三催化裂化装置就开始频繁出现设备泄漏,而且突出表现为稳定塔底再沸器E304的泄漏。

1 原因分析

针对北京燕山分公司三催化裂化稳定塔底再沸器E304泄漏问题,车间检索了国内出现的稳定塔底再沸器泄漏问题案例。其中相关实例如下：

实例一：中国石油吉林某炼油厂近年来掺炼俄罗斯油比例逐年上升,由2000年的10%增加至30%左右后,设备显现严重腐蚀问题,其中一套催化裂化装置的稳定塔底重沸器严重腐蚀泄漏,经过两次处理仍存在内漏,换热管束呈现弯曲状态,低温腐蚀形态表现为液相部分较重,气相部分较轻,尤其在"露点"部位最为严重。文献认为,其腐蚀源主要是：

(1)盐水解和有机氯化物分解,产生HCl气体溶于水后,形成强腐蚀性介质。在装置油气的低温部位中,由于系统中有水存在,形成了$HCl—H_2S—H_2O$型低温腐蚀,成为难以控制的腐蚀部位。

(2)原油中硫化物在加热或催化裂化过程分解产生H_2S,并对设备材质产生腐蚀,生成FeS。FeS是一种相对稳定的钝化物质,在金属设备表面可以形成一层保护膜,阻止金属进一步腐蚀。但在H_2S与HCl同时存在的条件下,它们相互作用,形成相互促进的循环腐蚀过程,显出协同效应而引起严重腐蚀。在这里起主导作用的是HCl,H_2S起加速作用。

实例二：江西某炼油厂在检修中发现稳定塔重沸器E1311顶部腐蚀冲刷非常

严重,车间相继两次进行堵管达到1/3。根据江西另一炼厂的经验,认为稳定塔底再沸器腐蚀类型主要为HCN—H_2S—H_2O腐蚀。腐蚀产生的原因主要是原油中的含硫化合物在催化裂化反应条件下生成硫化氢,同时一些氮化物也以一定比例存在于裂解产物中,其中质量分数为1%～2%的氮化物以HCN形式存在,低温部位HCN与H_2S形成HCN—H_2S—H_2O腐蚀环境。其反应式如下:

硫化氢在水中电离:

$$H_2S \longrightarrow H^+ + HS^-$$

$$HS^- \longrightarrow H^+ + S^{2-}$$

铁在水溶液中发生电化学反应:

阳极反应 $\qquad Fe \longrightarrow Fe^{2+} + 2e$

阴极反应 $\qquad 2H^+ + 2e \longrightarrow H_2$

水溶液中发生二次反应:

$$Fe^{2+} + S^{2-} \longrightarrow FeS$$

$$Fe^{2+} + HS^- \longrightarrow FeS + H^+$$

在有氰根离子存在时可促进上述反应:

$$FeS + 6CN^- \longrightarrow Fe(CN)_6^{4-} + S^{2-}$$

在水中存在的吸收解吸系统构成了HCN—H_2S—H_2O腐蚀体系,在阳极生成硫化亚铁,在阴极生成氢,氢能向钢中渗入并扩散,引起钢的氢脆和氢鼓泡。由于氰化氢的存在,体系中的氰根离子能溶解硫化亚铁,产生络离子加速腐蚀,并且产生有利于氢渗入的表面,随着氰化氢含量的增大,氢渗透率迅速上升。当催化裂化原料中氮的质量分数大于0.1%时,就会引起设备的严重腐蚀,当CN^-质量浓度大于500mg/L时,促进腐蚀作用明显。

实例三:山东某炼油厂催化裂化车间稳定塔底重沸器也曾发生过泄漏。该稳定塔底操作温度高于170℃,轻组分在稳定塔底会迅速汽化,在壳层上部充满H_2S、空气、燃料气等气体混合物,形成管子和壳体上部的腐蚀环境。水分与硫化物结合经加热浓缩并沉淀于壳层下部,使重沸器形成质量浓度较高的腐蚀环境,极易发生腐蚀。

综合以上实例,发现北京燕山分公司三催化裂化稳定塔底再沸器E304的泄漏问题和某炼油厂的实例非常相似。三催化裂化的稳定塔底再沸器的腐蚀泄漏也突出表现为"露点"部位最为严重,先后两次堵管近40根,泄漏位置全部位于气液相临界的位置。E304管束出现严重的膨胀弯曲状态,很难将管束从壳体内抽出来。

三催化裂化装置的腐蚀问题突出表现为稳定塔底再沸器 E304 内漏；其次是分馏塔顶大油气管线,重油部分的管线一直未发现明显腐蚀问题。

分析认为：北京燕山分公司三催化裂化 E304 的腐蚀问题主要是低温 HCl—H_2S—H_2O 型和 HCN—H_2S—H_2O 型复合腐蚀问题。自从炼油厂加工外油后,进厂原油和三催化裂化原料突出的表现为：

（1）原油的加工类型转变过程和东北的某炼油厂非常相似,是由大庆油转为掺炼俄罗斯原油和其他外油。

（2）原油的盐含量大幅度上升,催化裂化原料中的 Ca^{2+} 含量出现了突升。

（3）催化原料的氮含量和硫含量都大幅度上升。

（4）酸值大幅度上升。

各相关原油性质对比见表1。

表 1 各相关原油性质对比

项目	大庆油	俄罗斯油	阿曼油	穆尔班油	杰诺油	冀东油
密度（20℃）（kg/m^3）	861.7	838.2	851.9	823.6	873.5	891.5
黏度（50℃）（mm^2/s）	31.15	3.03	7.89	2.38	15.58	51.2
酸值（mgKOH/g）	0.01	0.04	0.46	0.04	0.44	0.63
ρ（盐）（mg/L）	5.2	15.0	220	90.0	39.93	9.8
w（硫）（%）	0.11	0.64	1.20	0.60	0.23	0.20
w（氮）（%）	0.16	0.09	0.08	0.03	0.34	0.28
w（镍）（μg/g）	3.06	6.97	5.81	1.52	20.19	6.90
w（钒）（μg/g）	0.04	8.43	6.55	2.25	2.07	0.30
w（钙）（μg/g）	0.73	1.98		6.69	2.48	61.57

由于原料中盐含量的大幅度上升,导致氰含量也会较大幅度增长,生成的 HCl 和硫化物加热分解生成的 H_2S 随挥发油气进入分馏、稳定及冷凝冷却系统。当设备表面处于露点温度以下,表面有冷凝水析出,产生的 HCl 和 H_2S 水溶液就构成互相促进的循环腐蚀过程,显出协同效应而引起严重腐蚀。在这里起主导作用的是 HCl, H_2S 起加速作用。三催化裂化的稳定塔底再沸器为虹吸式,水分与硫化物结合经加热浓缩并沉淀于壳层下部,使重沸器形成质量浓度较高的腐蚀环境,而

HCl 的腐蚀则表现在气液相"露点"位置发生强烈的腐蚀。另外,由于氰化物可抑制高温下 H_2S 的产生,减轻高温硫腐蚀,因此,三催化裂化的高温部位没有出现明显的腐蚀问题。

2 解决办法

造成稳定塔底再沸器腐蚀的原因是稳定塔底具备 $HCl-H_2S-H_2O$ 型低温腐蚀和 $HCN-H_2S-H_2O$ 腐蚀环境以及由水分与硫化物结合经加热浓缩并沉淀的高腐蚀环境,在操作波动时最容易发生腐蚀泄漏。而操作波动时稳定塔底再沸器管程和壳程的差压增加,导致突然泄漏或泄漏加剧。因此,解决稳定塔底再沸器泄漏也就可以从控制稳定塔底再沸器的管程/壳程差压和改变腐蚀环境入手。三催化裂化稳定塔底再沸器设计型号见表2。

表2 设计型号

介质		温度(℃)	
		入口	出口
壳程	汽油	179.5	189.5
管程	二中回流	336.5	250.0

2.1 改变管程与壳程差压控制内漏

通过稳定汽油的采样样片颜色判断 E 304 内漏后,改变换热器操作条件仍可以保证汽油质量合格。

具体控制方法如下:

(1)控制稳定塔顶压力(1.16±0.01)MPa,确保 E 304 壳程汽油压力高于管程二中压力,减小回炼油窜入稳定汽油。

(2)提高二中循环量操作,控制在 230~250t/h,有利于二中流量控制阀开度增大,减小控制阀节流,降低 E 304 处二中管程压力,减少回炼油窜入稳定汽油。

(3)通过调整要确保稳定汽油窜入二中量在 7~12t/h。在操作上要注意控制稳定塔顶压力适当,保证汽油漏入二中的量合适,防止过大,造成分馏波动;平稳 D201 粗汽油流量,要小调、勤调,平稳 D201 液位;平稳 C301 塔底液位,要小调、勤调,避免大幅度波动。

稳定塔底再沸器各操作参数调整前、后对比情况见表3。

表3 各操作参数调整前、后对比

项目	发生波动时	正常操作时	调整后
稳定塔顶压力（MPa）	0.980	1.110	1.160
稳定塔底压力（MPa）	0.998	1.128	1.178
再沸器管程（二中）压力（MPa）	1.090	1.090	1.010
再沸器壳程（汽油）压力（MPa）	1.044	1.174	1.220
二中循环量（$t \cdot h^{-1}$）	140～190	180	240

注：再沸器管程/壳程压力为经伯努力方程核算所得，90°弯头阻力系数取0.75，阀门开度按75%计，去阻力系数为0.90。

2.2 分馏塔顶注氨

三催化裂化在2003年开始加工外油后，当原料硫的质量分数达到0.30%～0.36%时就三次出现稳定塔底再沸器泄漏和两次分馏塔顶大油气线腐蚀泄漏问题，液化气总硫也频繁出现不合格问题。目前三催化裂化的上述状况得到了根本性的好转。这主要得益于三催化裂化分馏塔顶注氨措施的实施。

三催化裂化从2007年10月12日开始实施分馏塔顶注氨，氨水注入量根据分馏塔顶油气分离罐D201排至含硫污水罐D207含硫污水的pH值大小来控制，具体控制值为pH值等于9.0～9.4。自分馏塔顶注氨工艺实施以来，精制汽油库仑硫的质量分数平均值降低为0.0113%，远低于前期平均值0.0300%，注氨后最低值为0.0095%；液化气总硫得到控制并全部达标（小于10mg/m³），废碱液排放量明显减少。碱液使用周期延长了15～20d，一个使用周期内碱液单耗为0.1089kg/t（原料），远低于前期累计值0.7500kg/t（原料）。后续管线、设备腐蚀泄漏情况得到很大改善。自该工艺实施后，分馏后续系统未发生一起硫腐蚀泄漏事件，也未发生过因分馏塔顶注氨而出现的铵盐堵塞空冷问题，使用情况非常良好，甚至在原料硫含量增加一倍的情况下仍能保证设备腐蚀速率控制在较低的水平，保证设备的长周期运转。三催化裂化装置含硫污水路线示意如图1所示。

3 结论

（1）稳定塔底再沸器腐蚀的原因是稳定塔底具备了$HCl-H_2S-H_2O$型低温腐蚀和$HCN-H_2S-H_2O$腐蚀环境以及由水分与硫化物结合经加热浓缩并沉淀的高腐蚀环境。

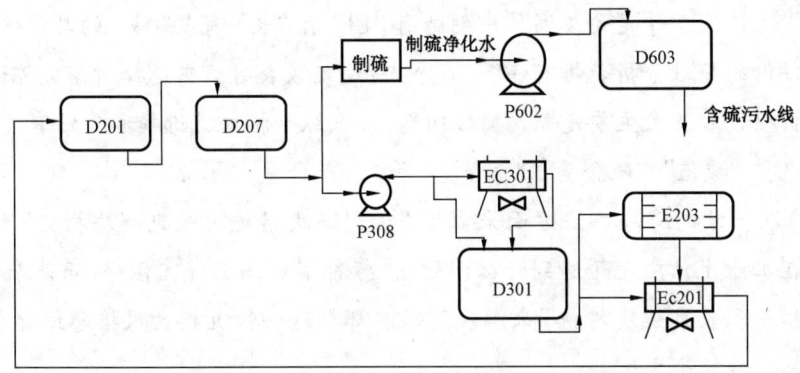

图1 三催化裂化和制硫含硫污水路线

（2）稳定塔再沸器发生泄漏现象时一般都在较大的生产波动之后，内漏问题可以通过稳定汽油采样和汽油干点的分析进行判断。

（3）有条件时将EW200的管束及管板材质升级为耐露点腐蚀钢。

（4）对已发生露点腐蚀的EW200芯子高压水清洗后进行良好的预膜处理或纳米防腐蚀。

简析

（1）文章的第一段是一种典型的"介绍式"论文开头方式。介绍式论文开头是石油和石化行业应用较为广泛的一种开头方式，这种开头方式包括四部分，即装置是哪设计的、装置的加工量是多少、哪年建成的、装置有哪些技术特点。

不同设计院设计的能耗水平是不一样的，技术特点也是不一样的。哪年建成的和加工量是多少可以使读者掌握当年的先进程度。只有铺垫出具体的建设年代才可以更具体地表述装置的技术特点，如果不叙述具体的建设年代，那么随着技术进步，当年的技术特点在新时代无法称为特点。

技术论文有三种典型的开头方式，即"首尾呼应式""背景式"和"介绍式"，其中这几种开头又可以自由组合成文章的有机组成部分，如"背景式+背景式""介绍式+背景式"。此文即为"介绍式+背景式"，加工外油的背景造成了设备腐蚀泄漏，本文也可以直接以背景式开头作为文章的第一部分。

（2）如上篇综述中提到稳定塔底可能发生腐蚀泄漏，实际在检索过程中即发现国内稳定塔底腐蚀泄漏大致有三个原因，这三个原因在本文中用到，实际上也是一段小的综述。原因分析中第三个实例就是综述，是综述的写作功底在论文中的具体体现，也是把小段综述内容应用到技术性论文的一种写作方式。

（3）表1、图1等是论文写作中创造有"图"有"表"有"曲线"的具体体现,每种原油评价的基础分析数据有30～50个,写论文做表时只需选择对论文陈述有帮助的分析项目。此文主要是探讨腐蚀问题,那么纵坐标也就选择和腐蚀有关的"密度""黏度""酸值""硫含量""氮含量"和"金属含量"等。

（4）在文章的解决办法方面采取了"短期解决措施+长期解决措施"的写作方式。在工业生产中无论遇到什么问题,一般都不会马上停工检修,而是采取"短期解决措施和长期解决措施"来解决问题。那么这种情况按此风格总结起来即可形成一篇较好的论文。

此文的"模块"提纲为:介绍式开头+背景式开头+小型综述(包括了自我总结)+解决措施(短期解决措施+长期解决措施)+结论。

从另一个角度看论文还可以发现,"介绍式开头+背景式开头+小型综述(包括了自我总结)+解决措施(短期解决措施+长期解决措施)+结论"实际上对应的就是传统写作技巧的"介绍式开头+提出问题+分析问题+解决问题+结论"。如果在撰写此类论文中发现内容不够丰富、字数无法满足写作要求,那么就要从提出问题、分析问题、解决问题的角度来检查论文是不是哪一部分内容缺失。

（5）文章中的表3通过伯努利方程计算推出了稳定塔顶要提高操作压力,而在实际操作当中往往是通过技术人员或操作人员进行工业试验即可获得结果,即缓缓地提高稳定塔的压力使汽油慢慢实现了反向泄漏,提高压力前使二中的重油向稳定塔内的汽油方向泄漏,二中的重油使汽油的干点升高、颜色发红;提高压力后使汽油向着二中方向泄漏,汽油干点逐渐趋于合格水平,汽油颜色又趋于无色透明的正常颜色。但是在成文的过程中要注意"应用计算提高论文的理论水平",这是提高论文写作水平的一方面具体体现。

（6）文章中的表3要通过伯努利方程计算可计算3页纸,但是切忌在论文写作过程中把实际的计算过程全部放到论文中,因为这不是一篇内容新颖的数学新发明和新发现,计算过程毫无意义可言。因此,一定要采取尽可能简单的表述方式,即写出计算结果,注明计算中关键的计算公式名称或出处以及计算要点即可。如果计算过程占用了论文较大篇幅,那么这篇论文就不合格。

（7）生产中遇到一些难题时,车间领导会做出相应的处理方案供全车间的人员进行学习和掌握。当事故扩大时,处理方案即是使车间保持上下一致的事故处理预案。

(三)"革新成果及专利等转化技术论文"型

很多操作员工手上都有一些技术革新成果、发明专利等,这些成果和专利其实完全可以成为技术论文写作的课题和素材。

在技术革新和专利发明过程中形成的各种上报或留存材料,各种原始记录,就是技术论文写作的基础材料。只要找准它们之间的对应关系,按照技术论文的要求和格式从上报的材料中找到要点,并将原始记录加以提炼,对具体素材进行有机的组织,就完全可以写成创新型的技术论文。

简单地说,这种技术论文写作的基本思路就是:以技术论文写作的格式要求为纲要,从成果简介中找到相应的内容确定大纲,再辅以原始记录进行佐证说明或论证,最终形成一篇创新型的技术论文(图1)。实现了技术革新成果的一事两用。

这类技术论文的写作要抓住两个关键:一是要抓住论文和相关上报式留存资料文件在结构内容上的对应关系;二是要抓住针对论文写作需求对原始记录的提炼。

表1 革新成果结构与论文主体结构对应

革新成果简介结构	论文主体部分结构
1. 问题的提出及革新的目的	引言
2. 技术革新主要内容 (1)革新内容 (2)工作原理 (3)主要技术指标	1. 结构组成 2. 工作原理及主要技术参数
3. 现场应用情况 (1)应用范围及数量 (2)经济效益及社会效益 (3)前景预测	3. 应用实例 4. 结论及认识

论文的引言,对应着革新简介的"问题的提出及革新的目的",论文的主体对应着技术革新的主要内容及部分现场应用情况,论文的认识和建议对应着部分现场应用情况。将革新简介改造,并选取原始记录做必需的展开说明,一篇技术论文基本就诞生了。既可以一个革新成果转化一篇论文,也可以多个(系列)成果转化成一篇论文。

例三是一个成果对应一篇论文,例四则是三个成果对应一篇论文。

例三

套铣打捞筒革新成果简介

1 问题的提出

肇48—平33井,检电潜泵起管柱时,电缆将管柱卡死在油套环空,管柱解卡后落入井底,鱼顶进入水平段。下捞矛和公锥打捞油管、缆钩打捞电缆、强磁打捞器打捞护罩都没有成功。最后确认鱼顶为打扭变形的电缆和护罩,不规则停置在油管接箍的前面,且与后面的油管相互缠绕在一起。经过分析:要打捞油管,必须先将油管前部的电缆和护罩清理干净,但用常规打捞工具又无法实现水平井水平段油管前面电缆和护罩的处理与打捞。为解决这一问题,研制了套铣打捞筒。

2 技术革新的主要内容

(1)革新内容:套铣筒去掉上接头及部分筒体后与双排开窗捞筒焊接在一起组合成套铣打捞筒,工具从下至上结构依次为套铣筒和打捞筒。

工作原理:通过套铣筒的旋转作业,将油管前部电缆和护罩套铣成段状或片状,在打捞管柱套铣下行过程中,依靠油管的阻挡将套铣后电缆和护罩沿套铣筒直接顶入开窗打捞筒,依靠开窗内齿的阻挡,将落物捞出井筒。

(2)主要技术指标:

① 套铣筒和打捞筒焊接后,两工具中心线在一条直线上。

② 套铣筒下部的套铣鞋为硬质 YD 合金加工而成,套铣鞋强度高且不易脱落,适合水平段电缆和护罩的套铣。

③ 套铣筒长度大于被套铣落物双联护罩的长度,保证套铣筒套铣电缆和护罩时不破坏开窗打捞筒的内齿。

④ 套铣打捞筒最大外径为 ϕ118mm,总长度为 1.20m,可顺利通过造斜井段。

⑤ 上接头扣型选择 NC31,方便 ϕ62mm 加大油管的连接。

⑥ 套铣打捞筒上接头连接安全接头,解卡不成功时可安全退出。

套铣打捞筒结构如图1所示。

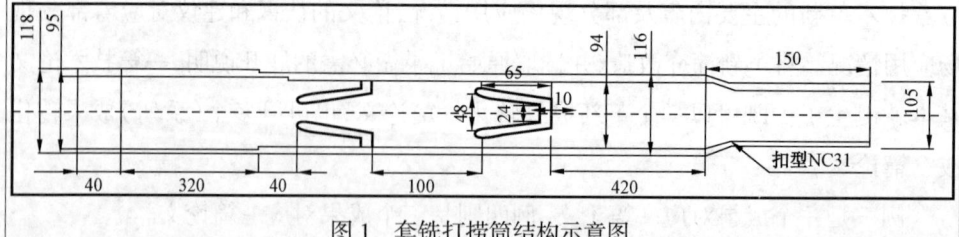

图1 套铣打捞筒结构示意图

3 成果应用情况

（1）应用范围及数量。

2012年11月，套铣打捞筒在肇48-平33井进行了应用。

（2）应用效果及效益。

用套铣打捞筒成功对水平段油管前面的电缆和护罩进行了套铣和打捞后，下可退式捞矛打捞油管一次成功，创造直接经济效益122.195万元。套铣打捞筒实物如图2所示，捞出的段状电缆和片状护罩如图3所示。

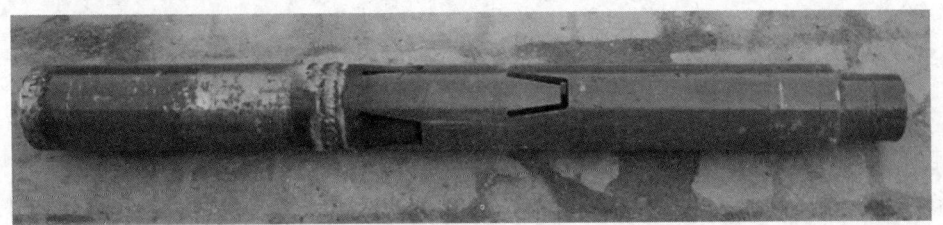

图2　套铣打捞筒实物

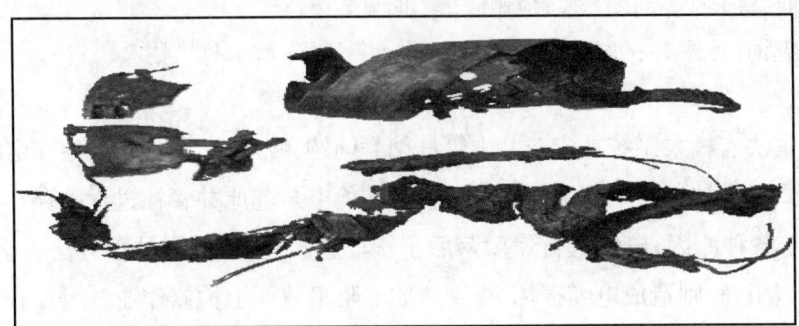

图3　套铣后捞出的段状电缆和片状护罩

（3）详细测算或评价依据。

施工过程中消耗费用 =10.38井次 ×2.59万元/井次 =26.89万元

工具及加工费用为0.915万元，其中定位套铣筒0.6万元，双排开窗打捞筒0.3万元，加工费用0.015万元。

作业费用 = 施工过程中消耗的费用 + 工具及加工费用

　　　　= 26.89万元 +0.915万元 =27.805万元

公司水平井大修费用为150万元/口。

直接经济效益 = 大修费用 − 作业费用

　　　　= 150万元 −27.805万元 =122.195万元

> （4）前景预测。
>
> 我厂现有电潜泵井45口，如遇电缆卡阻井，应用套铣打捞筒，可有效解决水平井水平段油管前面的电缆和护罩的打捞难题，提高效率1倍以上，大大降低了员工劳动强度，具有广阔应用前景。

肇48-平33井解卡打捞处理方法探讨

王志贤　张百军

（中国石油大庆油田有限责任公司第八采油厂）

摘要： 在往复式电潜柱塞泵（简称电泵）井检泵过程中，电缆随管柱起出时存在着电缆卡阻问题：即在多种因素作用下，电缆在油套环空内堆积，造成卡阻事故，导致大修作业。本文针对水平井电泵管柱解卡打捞过程进行分析和总结，形成了电缆解卡打捞处理技术，用常规作业方法解决了水平井水平段解卡打捞中存在的解卡困难、打捞成功率低、易卡钻等问题，现场应用取得了明显效果。

关键词： 水平井；水平段；往复式电潜柱塞泵井；解卡打捞技术

为解决有杆泵系统在定向井中管杆偏磨问题，我厂从2006年开始在定向井开展往复式电潜柱塞泵工艺采油现场试验。在检电泵起原井管柱过程中存在一些问题：由于各种原因，电缆上行速度落后于管柱起出速度，如果处理方法不当，易造成电缆卡阻，轻则造成电缆损坏，重则造成卡阻事故而上大修作业。因没有专用打捞工具，解卡打捞处理技术不成熟，打捞效率低、处理难度大、施工周期长。本文就肇48—平33井解卡打捞案例进行剖析，为预防和处理此类事故提供借鉴。

1 解卡打捞实例分析

1.1 事故经过

该井是模范屯油田的一口电潜柱塞泵试验井，2004年12月16日投产，2007年11月15日，由抽油机井采油转为电潜柱塞泵井试验采油。2011年1月16日，某外雇作业队上修检泵，正常生产近2年后电缆短路，2012年11月1日，作业X00145队上检泵作业，起管40根，电缆380m，护罩20个，解卡3次成功，第4次卡阻，活动管柱16h，解卡不成功，第41根油管起不出来，放不下去，大力将电缆提断，提出电缆7m，倒扣1次，倒扣40圈，倒出油管3根，带出护罩1个，打铅印印痕为盘旋打扭电缆。因大修队伍排不上,为尽快投产,为厂原油产量争取主动,厂管理科和工技大队责成作业大队处理这口电缆卡阻事故井。

1.2 井下落鱼情况

(1)一级落鱼:计算鱼顶上部电缆22m,电缆护罩2个左右。

(2)二级落鱼:ϕ62mm油管×76根×725.04m+宽35mm×厚15mm扁平电缆×733m+ϕ102mm护罩×38个+ϕ38mm电泵+ϕ110mm电潜泵机组+ϕ62mm丝堵。

1.3 井下情况分析

(1)该井为ϕ139.7mm套管,水平井,井深2334m。

(2)电缆鱼顶为宽35mm×厚15mm×22m弯曲打扭电缆或ϕ102mm×0.62m电缆护罩(要求1根油管打1个护罩,倒出3根油管却只带出1个护罩)。

(3)油管鱼顶为ϕ62mm油管接箍,深度为28.60m。

(4)根据落鱼情况,研究决定打捞方案为:第一步先捞出油管鱼顶上的电缆和护罩;第二步打捞井下油管。落井电缆选用活齿外钩、公锥等工具打捞;落井护罩用强磁打捞器打捞;油管选用可退式捞矛、可退式捞筒或开窗进行打捞。具体打捞的实施要根据现场作业实际情况再进行调整。

1.4 施工经过

(1)下ϕ116mm活齿外钩打捞电缆2次,打捞电缆不成功。分析是铅模将电缆压实。

(2)下公锥造眼1次,对压实成堆电缆进行造眼。

(3)下自制小倒刺外钩(图1)1次,钩散成堆压实的电缆。

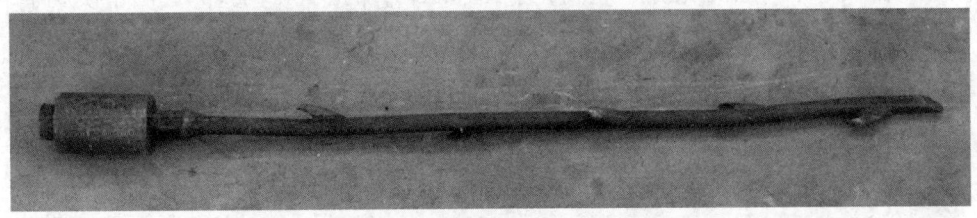

图1 自制小倒刺外钩

(4)下活齿外钩2次,旋转3~4圈,捞出电缆21m,未带出护罩。

(5)下ϕ116mm强磁打捞器打捞护罩2次,捞出护罩1个。

(6)下ϕ58mm反扣单滑块捞矛打捞油管,下到鱼顶位置后打捞油管,鱼顶深度为 28.63m，缓慢上提悬重增加至 70kN，活动管柱 10h，解卡不成功，倒扣 40 圈，倒出油管 1 根，未带出护罩。

（7）下 ϕ116 mm 活齿外钩打捞电缆 1 次，捞出电缆 9m，未带出护罩。

（8）下 ϕ58mm 反扣单滑块捞矛打捞油管，下 ϕ73mm 反扣钻杆 167 根，管柱深度为 1586.5m，未探到鱼顶，水平段起点位置为 1589.4m，因钻杆在水平段易卡钻，不宜在水平段解卡打捞，改方案为用 ϕ62mm 外加大油管进行解卡打捞。分析管柱解卡后滑至水平段底部。

（9）下新 ϕ58mm 旋转可退式捞矛打捞油管，记录悬重，打捞深度为 1610.42m，下到距鱼顶位置为 1~2m，多次旋转下放打捞管柱，缓慢上提悬重增加不明显。起出发现打捞不成功，旋转可退式捞矛接箍下边缘、矛杆及根部红漆大部分磨掉。

（10）下 ϕ116mm 活齿外钩打捞井下电缆，在下打捞管柱过程中遇阻 3 次，经过多次上下活动，解除遇阻情况，下到鱼顶位置为 1610.02m，旋转打捞管柱，缓慢上提悬重未变，打捞工具不入鱼，打捞电缆失败。分析下活齿外钩 3 次遇阻，是上次打捞油管时捞获落鱼，将上部倒松后的管柱拔脱后捞出，但因护罩阻挡并未捞实，在中途脱落，落鱼并未落入井底而是卡在套管上部。

根据 1 次打捞油管失败和 1 次打捞电缆失败的情况分析，在(7)第 6 次打捞电缆时卡点解卡，管柱沿斜井段滑向水平段。查阅原始资料：井深为 2334m，垂深为 1455.63m，水平段长 744.6m，造斜点 1179.86m，计算得出，水平段起点位置为 1589.4m，打捞管柱遇阻深度为 1610.42m，由此判断：打捞管柱已经进入水平段 21.02m。目前鱼顶情况复杂，如果再盲目下其他打捞工具可能导致事故复杂化，所以宜下铅模探明井下情况，再确定打捞方案。

（11）下 ϕ118mm 铅模，打印深度为 1610.12m，加压 16kN 打印，起出铅模观察，距铅模中心 40mm 有一长 13mm、宽 2~3 mm 的印痕，距中心一侧 40mm 有 5 个坑，最深两个坑距离为 6mm，深为 2~3mm。距中心另一侧 50mm 有 5 个坑，最深两个坑距离为 6mm，深为 3~4mm。根据电缆和护罩印痕模拟判断，现场分析是电缆和护罩印痕，且护罩上部已经变形，不规则停置在鱼顶，即油管接箍上面。第二次铅印印痕如图 2 所示。

（12）下 ϕ116mm 强磁打捞器打捞电缆护罩 2 次，打捞深度为 1610.12m，多次下放管柱打捞护罩，起出管柱发现打捞不成功。

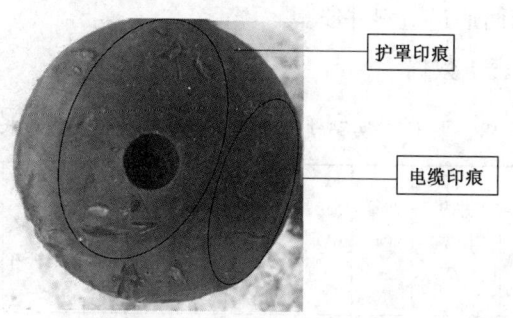

图 2　第二次铅印印痕

（13）下尖 $\phi25$mm、根 $\phi80$mm、长 1.5m 高强度粗牙正扣公锥打捞护罩,下到鱼顶位置 1~2m 边旋转边下放油管,到鱼顶位置后继续加压旋转打捞,进尺 0.60m,上提管柱悬重增加 2kN 后恢复悬重,打捞深度为 1610.74m。起出管柱发现打捞护罩失败,分析是护罩已变形或护罩销子已脱离护罩,公锥通过护罩后插入油管本体,因造扣不深,承受不了太大负荷,在负荷增加时导致公锥脱落。

通过使用强磁打捞器、公锥等工具打捞护罩均以失败告终,而且因护罩的阻挡也无法捞获油管。要想解决这个问题,首先必须清理油管上部的护罩和电缆,再打捞油管才能获得成功。根据定位套铣筒和开窗打捞筒工作原理自制了套铣打捞筒。

（14）套铣打捞筒制作过程:将 $\phi117$mm（外径）× $\phi97$mm（内径）× 1.20m 定位套铣打捞筒上部 0.80m 割去,留下下部钨钢平底型套铣齿部分,长 40cm。将 $\phi116$mm（外径）× $\phi94$mm（内径）× 0.8m 双开窗打捞筒去掉引鞋部分,留下开窗及上接头,长 0.8m。将开窗打捞筒和定位套铣打捞筒留下部分按照从下至上的顺序焊接在一起,组成 $\phi117$mm × 0.40m + $\phi116$mm × 0.80m 套铣打捞筒（图 3）。

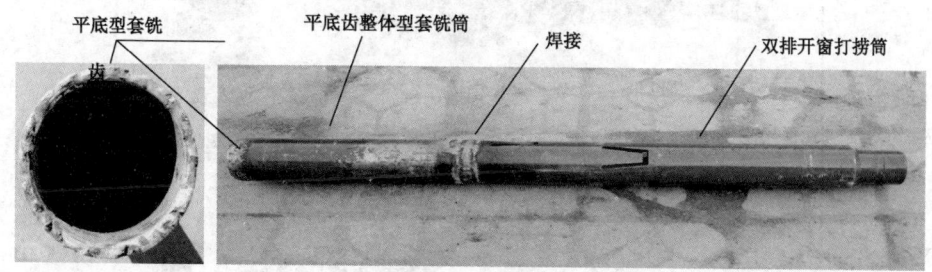

图 3　自制套铣打捞筒

（15）套铣打捞筒工作原理:通过钨钢套铣齿可将油管上部、套管内的电缆和护罩套铣成段状或片状,在打捞管柱套铣下行过程中将碎断护罩和电缆导入定位套铣筒及开窗内,靠双开窗内齿阻挡,防止落物出窗,提高打捞效果。

(16)套铣打捞筒通过造斜井段。

通过计算得到表1数据。

表1 肇48-平33井实钻轨迹参数及不同外径工具通过长度计算表

井号	井深(m)	人工井底(m)	井斜角(°)	井眼曲率[(°)/25m]	折算半径(m)	油层中部(m)	φ90mm外径最大长(m)	φ95mm外径最大长(m)	φ100mm外径最大长(m)	φ105mm外径最大长(m)	φ110mm外径最大长(m)	φ115mm外径最大长(m)	φ118mm外径最大长(m)
肇48-平33	1431	2334	59.18	11.97	119.73	1530	5.71	5.27	4.80	4.27	2.94	2.68	2.40

由表1可知，φ118mm外径工具通过造斜井段最大长度为2.40m，而我们研制的套铣打捞筒φ117mm×0.40m+φ116mm×0.80m，最大外径为117mm，长度为1.2m，可以顺利通过造斜井段。

（17）下套铣打捞筒，打捞深度为1611.40m，下至鱼顶1~2m，加压5kN，用液压钳旋转管柱，套铣护罩和电缆，转速45r/min，套铣时间9h，进尺1.2m，上提管柱负荷增加至40kN，不再上提管柱让负荷继续增加，在40~24kN活动管柱17.5h，活动出管柱10.3m，载荷稳定在38kN，限速起出打捞管柱，捞出φ62mm油管6根，带出电缆60m、电缆护罩3个。

起出套铣打捞筒，发现内部充满被磨碎的护罩碎片、成段电缆和弯曲变形护罩（图4），发现开窗内齿间距变大，不能承重打捞油管，但修复后可打捞护罩。

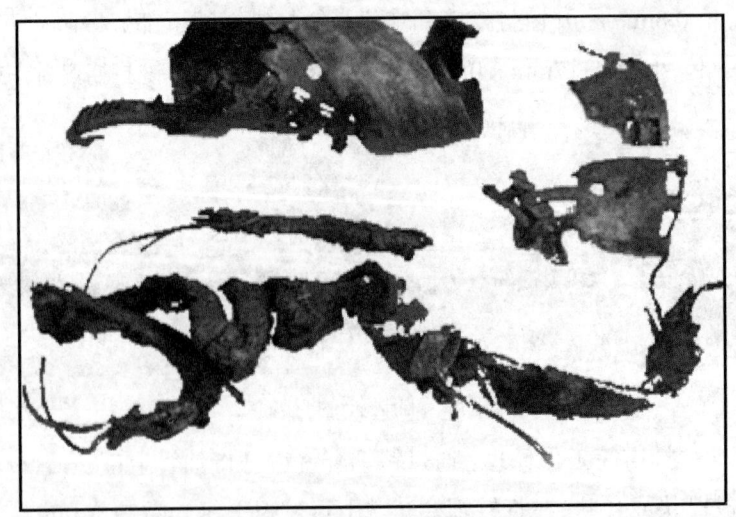

图4 捞出护罩碎片、成段电缆和变形护罩

（18）下 ϕ118mm 铅模,打印深度为 1669.00m,加压 18kN 打印,起出铅模观察,铅模中心是油管接箍印痕,说明二级落鱼鱼顶上部落物已经清理干净。

（19）下旋转可退式捞矛打捞油管,下至鱼顶 1~2m,记录悬重,缓慢下放管柱进行打捞,加压 20kN,缓慢试提,载荷上升至 60kN,判断捞获落鱼,上提管柱负荷还在继续增加,限制负荷在 25~60kN 活动管柱 16h,提出管柱 4.3m,载荷稳定在 50kN,限速起出打捞管柱,捞出 ϕ62mm 油管 3 根,带出电缆 18m,护罩 1 个。

（20）下活齿外钩打捞电缆,打捞深度为 1696.30m,旋转管柱 4 圈,上提管柱负荷增加不明显,捞出电缆 11m,没有带出护罩。

（21）下套铣打捞筒打捞护罩,打捞深度为 1697.41m,方法同(17),套铣时间 2h,进尺 1.4m。起出打捞管柱,捞出护罩 1 个。

（22）下旋转可退捞矛打捞油管,打捞深度为 1698.12m,捞出 ϕ62mm 油管 2 根,带出电缆 20m,护罩 1 个。

（23）下套铣打捞筒 2 次打捞护罩,打捞深度为 1716.70m,方法同(17),套铣时间 2.5h,进尺 0.60m,捞出护罩 1 个。

（24）下 ϕ118mm 铅模,打印深度为 1717.23m,加压 18kN 打印,起出铅模观察,铅模中心是油管接箍印痕,说明二级落鱼鱼顶上部落物已经清理干净。

（25）下旋转可退捞矛打捞油管,打捞深度为 1719.10m,上提管柱负荷增加不明显,捞出 ϕ62mm 油管 3 根,带出电缆 17m,护罩 1 个。

（26）下活齿外钩 1 个,ϕ62mm 加大油管 182 根,遇阻深度为 1745.05m,旋转管柱 4 圈,上提管柱负荷增加不明显,捞出电缆 13m。

（27）下旋转可退捞矛打捞油管,打捞深度为 1747.90m,上提管柱负荷增加,捞出 ϕ62mm 油管 11 根,带出电缆 110m、护罩 4 个。

（28）下套铣打捞筒打捞护罩,打捞深度为 1848.50m,方法同(17),套铣时间 5h,进尺 1.0m,捞出护罩 1 个。

（29）下 ϕ118mm 铅模,打印深度为 1847.90m,加压 20kN 打印,起出铅模观察,铅模中心是油管接箍印痕,证明油管上部护罩已经清理干净,按照初期制定的打捞思路,下旋转可退式捞矛打捞井下管柱。

（30）下旋转可退式捞矛打捞油管,方法同(19),打捞深度为 1848.49m,上提管柱负荷增加至 27kN,活动管柱 15h,负荷稳定在 26kN。限速起出打捞管柱,捞出 ϕ62mm 油管 50 根,电缆 531.16m,护罩 24 个,ϕ38mm 电泵 1 台,ϕ110mm 电潜泵机组 1 套,ϕ62mm 丝堵 1 个,成功将井内落物全部捞出。

2 经验总结

2.1 事故原因分析

（1）个别外雇作业队伍管理松散，完井时不按设计要求施工，护罩加装数量不够，是本次施工起管柱时造成电缆卡阻的主要原因。

（2）管柱在直井段通过打捞电缆解卡后，经斜井段落入水平段底部，鱼顶已经进入水平段，且油管上部堆积有电缆和护罩，是造成打捞油管困难的直接原因。

（3）在水平段落物捞获后，因水平段较长，受井身结构的影响，摩擦阻力大，扭矩、拉力传递损失大，是造成解卡困难的重要原因。

2.2 经验及教训

（1）个别外雇作业队伍管理松懈，管理人员及技术人员水平低，施工人员责任心不强，特殊井施工时如果监督不到位，很容易出现质量问题，如上次完井时打电缆护罩的数量不够，给下次作业施工留下隐患。

（2）因护罩不按照设计要求加装，打捞时无法弄清落井护罩数量，导致打捞过程中多走很多弯路。如1根油管应该打1个护罩，但实际是隔1根油管打1个护罩，有时是隔2根油管打1个护罩，没有规律可循，只有打铅模确认后，才能决定下一步打捞方案。

3 认识及建议

（1）在直井段打捞电缆，宜选用公锥、小倒刺外钩和活齿外钩配合使用效果较好；打捞护罩宜选用强磁打捞器比较经济合理。

（2）在水平段打捞电缆和护罩，宜选用定位套铣筒＋双开窗打捞筒组合工具，边对落物套铣，边进行落物收集和打捞，这样可降低打捞次数，而且打捞电缆和护罩的成功率会更高，尤其对护罩打捞特别有效。

（3）电缆卡阻井解卡打捞时，为避免捞获落物解卡不成功情况，宜用可退式打捞矛，考虑捞获落物管柱再次卡阻、下放打捞管柱使负荷归零的情况，建议使用旋转可退式捞矛，不宜选用提放可退式捞矛。

（4）管柱卡阻后应尽量避免油管倒扣处理，如果中和点掌握不准，很容易将油管倒松散，给下步打捞工作增加一定的难度。

（5）解卡打捞处理最好在直井段进行，应尽量避免让电缆管柱进入水平段，以免给打捞工作增加难度。

（6）遇特殊落物,可根据现场实际需要将不同打捞工具组合在一起使用,这样可收到事半功倍的效果。如用自制的套铣打捞筒,一次性解决了电缆、护罩套铣,电缆、护罩收集和打捞,油管打捞等至少需要下三趟打捞管柱才能解决的水平井水平段打捞难题,大大提高了落物打捞效率。

（7）水平段捞获落物,解卡时必须要有足够的耐心,不要轻易放弃,只有不停地、长时间地、反复地活动管柱,才有可能解卡成功。

（8）加大对外雇作业队伍管理及考核力度,提高操作人员责任心,预防和减少人为操作不当因素造成的井下事故。

例四

复杂落物打捞技术应用及探讨

摘要：随着我厂定向井开发时间不断延长,井下落物也随之出现,并且落物越来越复杂,给井下作业施工带来了一定难度。结合近几年来的实践经验,对出现的落物进行了分类,从大套管井打捞、电缆卡阻、复杂鱼顶等几个方面进行分析,得出了几类复杂落物的处理方法。本文结合我厂出现的几口复杂落物井,介绍了复杂落物打捞技术,为今后的复杂落物打捞提供借鉴。

关键词：井下落物；打捞；技术；应用

常规作业井打捞技术已经趋于完善,定向井复杂落物的出现对打捞技术提出了更高要求。在井下情况复杂或落物不明,用常规打捞方法无法处理打捞落物时,就需要研究复杂落物打捞技术,即经过多道工序、各种技术相结合、多种工具配合使用,甚至使用非常规打捞工具才能处理完全部落物。针对这种情况,我们经过技术攻关,在一些复杂落物打捞技术上取得了一定的突破。经过统计分析,目前我厂复杂落物打捞作业主要分为三类：$9\frac{5}{8}$in 套管井落物打捞、电缆卡阻井解卡打捞和复杂鱼顶落物打捞。

1 $9\frac{5}{8}$in 套管井落物打捞技术

1.1 $9\frac{5}{8}$in 套管井落物分类

通过对近几年施工井统计,$9\frac{5}{8}$in 套管井复杂落物主要有断脱抽油杆、断脱油管两大类。

1.1.1 鱼顶为断脱抽油杆

（1）未变形抽油杆：此类落物一般为$\phi25mm$、$\phi22mm$或$\phi19mm$杆本体。

（2）变形抽油杆：此类落物一般为$\phi25mm$、$\phi22mm$或$\phi19mm$抽油杆本体等统计为疲劳断，可分为鱼顶弯曲未卡、鱼顶弯曲卡死或鱼顶严重弯曲三类。

1.1.2 鱼顶为断脱油管

鱼顶为油管外螺纹或接箍，原因是油管下外螺纹脱或上外螺纹脱。统计为抽油杆砸脱、捞到落物后管柱卡死倒扣所致。

1.2 $9\frac{5}{8}$in 套管井复杂落物检测及打捞技术

1.2.1 $9\frac{5}{8}$in 套管井复杂落物检测技术

套管内打捞落物首先要探明鱼顶情况，主要方法是铅模打印。因没有成型的大井眼铅模，因此自制了大井眼铅模，主要由上接头、外壳、防掉钢丝、铅芯等组成，并与套管尺寸相适应，经过多次打印证实，效果良好。

1.2.2 $9\frac{5}{8}$in 套管内断脱抽油杆打捞技术

（1）断脱未变形的抽油杆本体，用三球打捞器对抽油杆接箍进行打捞。

（2）断脱变形未卡抽油杆本体，用自制抽油杆捞钩对抽油杆接箍进行打捞。

（3）断脱变形卡死抽油杆本体，用自制抽油杆弯鱼头打捞器对抽油杆接箍进行打捞。

1.2.3 $9\frac{5}{8}$in 套管内断脱油管打捞技术

（1）对于加大油管接箍：用螺旋卡瓦打捞筒进行外捞或用双引鞋双滑块打捞矛进行内捞。

（2）对于普通油管接箍：用短鱼头打捞筒进行外捞或用双引鞋双滑块打捞矛进行内捞。

（3）对油管本体：用卡瓦打捞筒进行外捞或用捞矛进行内捞。

1.3 应用效果

1.3.1 实例

肇分31-平28井，该井为$\phi244mm$套管，上作业前井底卡有150m压裂管柱，其中118m 3in油管卡主套管内，在上检泵作业时，抽油杆第1根本体断，第39根$\phi62mm$加大油管下外螺纹脱，管柱落入井底与3in油管并排插在一起。根据铅模打印证实，油管上部抽油杆由于惯性折断后落入井底，油管上部剩余部分仅2m，在$\phi62mm$加大油管接箍内上部弯曲打横、无抽油杆接箍和台肩，用常规方法和工具无法实现抽油杆和油管的打捞。

1.3.2 研究设计加工制作抽油杆弯鱼头打捞器

结构组成：上接头、捞杆、打捞器、挡块、上下引鞋等组成。

制作过程：打捞器本体是用废旧小吊钩的两个耳朵叠放在一起焊接而成；上接头和捞杆是用废旧捞矛去掉滑块制成；挡块是由小吊钩剩余部分制作；上下引鞋是用套管短节加工而成。

工作原理：打捞器上下引鞋为楔子状，接近鱼顶位置时，慢慢反转下放管柱，通过下引鞋将打捞工具引到弯曲抽油杆下部，正转管柱，上引鞋从侧面将抽油杆直段引入打捞器，上提管柱将抽油杆台肩锁定在打捞器内，大力上提解卡或拔断后将杆柱捞出。抽油杆弯鱼头打捞器还可以对弯曲抽油杆本体进行整直处理。

技术参数：打捞器本体长度为400mm，中心内径为ϕ35mm，最大外径为ϕ205mm；横向最窄为135mm，最窄通道为30mm，挡块距离捞杆为65mm，纵向总长为750mm，许用拉力为390kN。

1.3.3 应用效果

抽油杆弯鱼头打捞器经过5次不断使用和改进，第5次成功对油管接箍内上部弯曲打横抽油杆本体进行整直处理。

用螺旋卡瓦打捞筒对加大油管接箍实施过抽油杆打捞成功，倒出部分油管，露出杆接箍。

用抽油杆弯鱼头打捞器打捞杆接箍成功，大力上提拔出部分油管，打捞瓶颈得到解决。

用三球打捞器、短鱼头打捞筒、卡瓦打捞筒、双引鞋双滑块打捞矛等常规打捞工具将剩余抽油杆和大部分油管捞出，避免了大修，获经济效益80余万元。

2 电缆卡阻井解卡打捞技术

2.1 电缆卡阻原因分析

通过对近几年电潜泵井作业施工分析，起原井管柱时发生电缆卡阻主要有四方面原因：

2.1.1 套管内壁结蜡严重

在起原井管柱前洗井不通，套管内壁结蜡严重，电缆摩擦阻力增加，电缆卡子受电缆拉力作用后变松，电缆起出速度落后于管柱起出速度，造成电缆卡阻。

2.1.2 长条形卡子结点突出

管柱受造斜点钟摆力影响,起电缆时长条形卡子结点突出部位易刮井口和造斜处,使卡子变松,导致电缆下移造成卡阻。

2.1.3 简易护罩结构不合理

管柱受造斜点钟摆力影响,起电缆时因简易护罩上下端设计不平滑,起电缆时刮井口和造斜处,导致电缆下移造成卡阻。

2.1.4 解卡处理方法不当

电缆卡阻后采用大力上提的方法,将电缆将管柱卡死在油套环空,增加了解卡处理难度。

2.2 电缆卡阻井解卡打捞技术

电缆卡阻在油套环空,处理空间很小,无法对电缆进行打捞及处理,只有空出足够的空间,对电缆及卡子、护罩处理后,管柱才能解卡。经过技术攻关,形成了电缆卡阻井解卡打捞技术:油管倒扣,倒出部分油管,腾出对电缆、护罩及卡子的处理空间。清除管柱上部电缆和护罩、捞到管柱试提活动解卡,捞出剩余油管、电缆、护罩和电缆卡子及井下工具。

2.3 应用效果

2.3.1 徐102—斜14井应用实例

该井是电潜泵井,采用ϕ140mm套管,检泵作业起原井油管过程中,发现电缆与管柱不同步,电缆起出速度落后于管柱起出速度,在油管本体上打电缆卡子紧固电缆上提管柱解卡无效,剩余31根油管、抽油泵、电潜泵机组、洗井阻隔器、固体防蜡器、丝堵各1个,总长316.25m,卡阻在套管内。

2.3.2 电缆解卡打捞技术实施过程

(1)反循环洗井,将油套环空的油蜡清洗干净,减少管柱及电缆与套管之间的摩擦阻力。

(2)用液压钳倒出9根油管,腾出对电缆、卡子和护罩处理空间。

(3)用活齿外钩打捞管柱上部有空间的电缆。

(4)用自制套铣打捞筒打捞电缆护罩。

(5)用公锥对电缆造眼,用小倒刺外钩钩散成堆压实的电缆,下活齿外钩捞取电缆。

(6)用强磁打捞器捞取碎断电缆、电缆护罩和卡子碎屑。

(7）打印分析鱼顶情况。

（8）用公锥在电缆中间造眼,用反扣可退式捞矛捞到油管后,大力上拔管柱,拔出剩余管柱,带出电缆、护罩、抽油泵、电潜泵机组及井下工具。

2.3.3 应用效果

打捞工具共下入101次,交替捞出油管31根,电缆312m,护罩31个,电缆卡子160个,成功捞出全部落鱼,获经济效益26万余元。

3 复杂鱼顶落物打捞技术

3.1 复杂鱼顶落物分类

目前定向井复杂鱼顶落物主要有偏磨断脱抽油杆、偏磨断脱油管两大类。

3.1.1 鱼顶为断脱抽油杆

（1）未变形抽油杆：此类落物多为$\phi 25mm$、$\phi 22mm$或$\phi 19mm$抽油杆本体。

（2）弯曲变形抽油杆：此类落物多为$\phi 22mm$或$\phi 19mm$抽油杆本体。

3.1.2 鱼顶为断脱油管

鱼顶分为未变形偏磨油管外螺纹、变形偏磨油管外螺纹、未变形油管接箍三类。

3.2 复杂鱼顶落物打捞技术

3.2.1 弯曲变形偏磨抽油杆打捞技术

对于弯曲变形偏磨抽油杆,用研制的抽油杆捞钩对抽油杆接箍进行打捞。

3.2.2 鱼顶内壁严重偏磨有裂缝油管打捞技术

鱼顶为内壁严重偏磨有裂缝油管外螺纹,研制加长打捞矛,可对破裂油管本体下部完好部位实施打捞作业。

3.2.3 鱼顶内壁严重偏磨无裂缝油管打捞技术

鱼顶为内壁严重偏磨无裂缝油管外螺纹,设计带护罩双滑块打捞矛,打捞时引鞋将鱼头拨正并引入护罩内,到达预定位置,上提管柱,滑块与鱼腔内壁接触,油管内壁受滑块径向力而撑大变形,当油管外径胀至与护罩内径相同时,护罩限制油管继续胀大使打捞成功。

3.3 应用效果

3.3.1 永91-斜81应用实例

永91-斜81检泵上作业,发现油管第124根下外螺纹磨脱,并且下外螺纹从下至上有一长1.5m、宽2cm的纵向裂缝,判断落井油管上部也偏磨严重,打铅印证实:鱼顶已经被破坏变形,裂缝胀开。为防止普通捞矛将上部偏磨油管插劈造成鱼顶复杂化,用自制$\phi58mm \times 6.20m$加长双滑块打捞矛打捞落物一次成功,捞出$\phi62mm$普通油管1根。

3.3.2 永91-斜81井应用实例

永91-斜81井用加长双滑块捞矛捞出$\phi62mm$普通油管1根后,发现第126根油管上外螺纹脱,原井第125根油管下外螺纹从下至上有一长3.5m的纵向裂缝。打铅印确认:鱼顶为$\phi62mm$普通油管外螺纹,且外螺纹已经被磨穿但无裂缝。经过分析:若用卡瓦打捞筒、母锥等进行外捞,油管易变形向内卷曲,不能承受载荷,若用普通滑块打捞矛内捞,油管很容易胀破、撕裂,使打捞复杂化而上大修作业。因此用研制的$\phi58mm \times 1.5m$带护罩双滑块打捞矛进行打捞,一次成功捞获全部落鱼,获经济效益10万余元。

4 结论及认识

(1)$9\frac{5}{8}in$套管井落物打捞技术中应用的抽油杆打捞工具可根据套管和落物尺寸,加工不同规格的打捞工具,以适应不同套管内抽油杆处理与打捞。

(2)电缆卡阻井解卡打捞技术适合我厂电潜泵井电缆卡阻的解卡与打捞。

(3)复杂鱼顶落物打捞技术适用于我厂定向井偏磨井复杂落物的处理与打捞。

(4)经过多年现场实践,摸索出的复杂落物打捞技术,基本上能够满足我厂常规井下作业施工的需要,但还存在以下问题:

① 打捞工用具储备不足,遇特殊情况打捞工具需要外借,严重影响作业时效。为此开展了打捞工用具调查统计,确定大队工具库没有此种类型的打捞工具,购置、加工制作相应的打捞工具,作为储备用途,以备不时之需。

② 受无旋转设备限制,打捞作业仅限于打捞工具的起下作业,在遇到需磨铣、套铣等作业时显得无能为力,因此今后将在常规作业方法解决大修问题方面开展技术攻关。

③ 在水平井段捞获落物时,打捞解卡主要靠大力上提管柱,因受设备提升能力不足及管柱拉力限制,影响水平段解卡力传递效果,造成解卡困难。针对这种情况将进行技术攻关,掌握水平井打捞的主体技术,用于指导水平井解卡打捞工作。

二、技术论文范文赏析

> 范文一

修井作业井口无人操作起下油管装置

耿玉广　谷全福　王树义　曾良军　孙连会　李宝军

摘要：基于现有修井机的动力和提升条件，研制了一种井口无人操作起下油管装置，主要包括自动悬吊系统、自动上卸扣系统和远程控制系统等，各部分的操控指令集中到修井机的控制台上，由司机手远程操控完成油管的抓放、扶正、对中、悬持、上卸扣、锁定和起下，实现了1名司机手和1名场地拉送油管人员即可完成起下油管作业，降低了工人劳动强度，保证了工人远离井口危险区域免受伤害。该装置构思巧妙、结构简单、性能稳定，施工速度与人工操作水平相当，受到现场工人的欢迎。

关键词：修井作业；起下油管；液压控制；吊卡；液压钳；气动卡盘

油田生产中常见的检泵、压裂、堵水、分注、冲砂、卡水、补孔、注灰、检管等修井作业都离不开起下油管。据统计，起下油管占修井作业总工作量的70%~80%。我国大多数油田的小修作业都采用4~5人一班的工作制度。在4人组成的作业班中，1人作为司机操作手站在修井机上操车，完成大钩上下移动、协调工作进度及监视大钩载荷等；1人在井场拉送油管，将油管一端移动到油管枕上准备上扣，或把卸下的油管拉排到油管桥架上；另外2人站在井口，负责摘挂吊环、搬抬吊卡、操控液压钳完成油管的上卸扣等工作。在5人组成的作业班中，增加1名技术员，负责处理技术问题、记录有关数据及协助其他工作。

目前修井起下油管使用2只吊卡，一只挂在要提起或下放油管接箍的台肩下面，另一只待用。这样，起下油管时需要站在井口操作的2人反复拔插吊卡销子、摘挂吊环、倒换吊卡、开关锁环、推拉操控液压钳、辅助油管就位等，不仅要求操作人员精力高度集中，动作配合灵活准确，而且操作频繁，动作单调，不安全因素多，劳动强度大。尤其我国北方油田冬天作业时，井口、地面、工具、油管表面易结冰打滑，操作不灵活，起油管时带出的工作液洒落，使工作条件更差，人身磕碰伤残风险大。基于此种现状，华北油田公司研制成功用于修井作业的"起下油管井口无人操作装置"，实现了1名司机手和1名场地拉送油管人员的双人远程操控起下油管作业,既降低了工人劳动强度,又使工人远离危险区域,避免伤害,得到现场工人的欢迎。

1 设计要求

目前,国内修井起下油管作业所用工具已基本实现机械化,但在远控和自动化方面还要做大量深入细致的研究工作。为了降低工人劳动强度,一些院校和研究单位研制了自动修井机、自动排放油管机等。但由于油田小修作业周期短、搬家频繁,上井路况及井场条件差,作业成本有限,尤其一些自动化设备投资大,搬家时需增加车辆,起下油管速度慢,实际应用比较困难。因此,根据我国油田修井作业的特点,对本装置提出了如下设计要求:

(1)基于现有修井机的动力和提升条件,在不改变目前油管起下、上卸扣和传送工序的情况下,通过远程控制和自动化技术取代起下油管作业中工序单调重复、工作量最大、安全风险最高的井口人工操作。

(2)采用模块化设计,各模块的功能及相互配合指令集中到修井机的控制台上,由司机手远程操控完成油管的抓放、扶正、对中、悬持、上卸扣、锁定和起下。液压钳和吊卡实施液控改造后,各项机械性能参数不降低。所有部件、电气元件必须符合安全、防爆要求。

(3)各模块结构简单,投资省,使用安全可靠,占用空间小,便于拆卸、安装和运输。整套装置操作简便易行,不妨碍人员逃生,不增加搬家车辆和修井成本。

2 结构组成及工作原理

如图1所示,本装置由自动悬吊系统(液控油管吊卡、自动定位液控机械臂与机械手、气动卡盘)、自动上卸扣系统(液压钳往复移动就位装置、自动对缺口器)、远程液压控制系统等模块组成。各模块相互独立,完成一项功能。在各模块的协同作用下,完成油管起下作业。其工作原理如下:

(1)起油管。当起出油管头后,就进入了正常起油管工序。司机手操纵天车大钩带动吊环、吊卡下行,到达井口中悬挂管柱的第一根油管接箍以下本体时,操纵吊卡电动机转动关

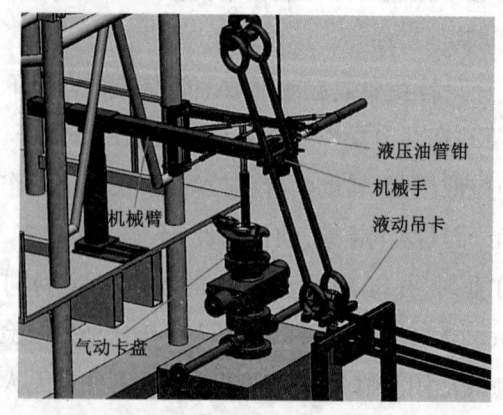

图1 起下油管装置结构示意图

闭锁环,抓住油管。接着打开气动卡盘松开管柱并上提,当下一根油管接箍与背钳头对齐时,停止起管,关闭气动卡盘,锁定管柱。这时操作手扳动控制液压钳的前进挡手柄,液压钳移向油管,直到油管进入液压钳的钳口内;操作手再扳动液压钳的电动机反转挡手柄,液压钳将油管卸扣。如果高速卸扣扭矩不够,通过气动换挡手柄将液压钳由高速挡换成低速挡,卸下油管扣。自动对缺口器保证钳口处于最大开口状态,液压钳退回到原来位置,准备下一次卸口。接下来,机械臂推动机械手碰到第一根油管时自动停止,上提管柱离开接箍5～15cm,边推油管向外移动边下放,此时场地拉送油管人员辅助油管下端坐入小滑车,油管在轨道上自动向外滑行,直到油管平放在轨道上后,再把油管拉排到油管桥架上。与此同时,收回机械手,准备起升下一根油管。重复上述起油管操作,就可以起出井内全部油管。

（2）下油管。机械手推动吊环带着吊卡到达已处在油管枕上的油管接箍以下本体位置时,操纵吊卡关闭锁环,抓住油管。边吊起油管边收回机械手,当待下放的油管中心与井口悬挂管柱的中心对中时,机械手自动停住。操作手下放油管进入井口悬挂管柱的接箍内,机械手回到原位,操控液压钳移向油管就位,完成上扣和自动对缺口。然后液压钳回位,准备下一次上扣。然后,打开气动卡盘松开管柱并下放,当油管接箍到达背钳头齐平位置时,停止下放管柱,关闭气动卡盘,锁定管柱。接下来,机械手推动吊环带着吊卡抓取下一根油管。重复上述下油管操作,即可下入全部油管。

3 关键部件研制与系统配套

3.1 自动悬吊系统

该系统包括液控油管吊卡、自动定位液控机械臂与机械手和气动卡盘三个部分,完成油管的抓放、扶正、悬持、对中和管柱锁定等功能。

3.1.1 液控油管吊卡

目前,常规起下油管用的吊卡主要有两种:一是月牙型吊卡(即闭锁环式吊卡);二是活门吊卡(即侧开式吊卡)。实现油管吊卡的自动扣合、摘卸、移动,是完成油管抓取、释放的关键。根据两种吊卡的开关持点,选择了月牙型吊卡进行远程液控改造。由于油管吊卡的开与关是在空载下进行的,因此在油管吊卡上安装了一个液动摆线电动机,在电动机和闭锁环上各安装了一个扇形齿轮,电动机转动驱动闭锁环转动,即可完成吊卡的开或关,如图2所示。为保证吊卡开、关灵活,而且到位,在两个扇形齿轮上设有限位装置,从而保证了闭锁环(月牙)的转动到位,防止由于意外而打开,确保安全地提升和下放油管。与原来的双吊卡作业不同,本装置液控吊卡单只使用,形成了一吊一卡的作业工艺。

3.1.2 自动定位液控机械臂与机械手

为实现吊卡抓放油管、扶正和对中等动作,根据井下作业起下油管运动轨迹为"点与线"(即天车与井口是垂线,滑道与井口是直线,交汇点在井口)的特点,研制出过井口中心线的伸缩式机械臂(图3),其主要由液压油缸、机械臂主体、自动定位对中控制装置和液动调整固定支座等组成。

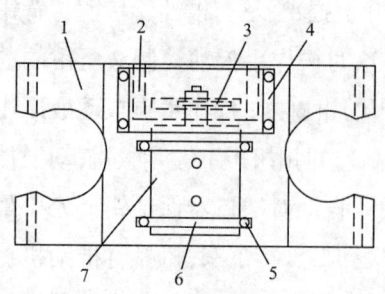

图2 液控油管吊卡结构图
1—吊卡本体;2—闭锁环;3—扇形齿轮;4—防护罩;5—固定螺栓;6—固定拉筋;7—摆线马达

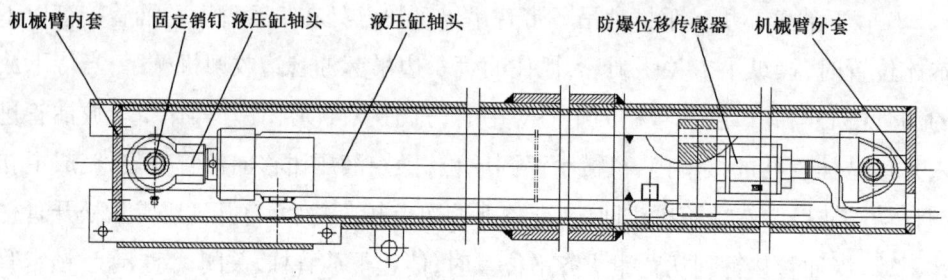

图3 机械臂结构图

为了起油管时把卸下扣的油管下端推送到小滑车内,或下油管时抓住油管扶正、对中,利用机械自锁及弹簧的特性,研制了机械手(图4),主要由主体、活动爪和锁紧弹簧等组成。通过试验取得机械手抓取、释放油管的力分别需要50N和150N。

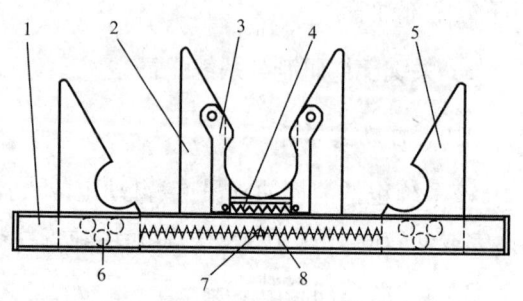

图4 机械手结构图
1—主体;2—固定爪;3—锁紧销;4,8—抓紧拉簧;5—活动爪;6—轨迹滑动轮;7—限位销钉

机械手的功能在于把油管抓住、扶正和对中,或把油管推送到油管轨道的小滑车上。因此,对机械臂的力量要求不大,经测试300~500N即可。机械臂的设计长度为2m,伸缩长度为1.6m,安装在修井机尾部的井架下面,最大伸长超过井口1.2m,保证使机械手把油管下端推送到靠近油管枕的小滑车上。

为保证机械臂油缸活塞的运行速度v达到1~1.2m/s,推力F达到500N,根据修井机液压泵的参数,在1000r/min下,设定压力p为6MPa,排量q为100L/min,计算出机械臂最大推力为:

$$F=14.3\times\frac{D^2}{4}\times p=3.14\times\frac{44^2}{4}\times6\approx9118.56\text{(N)}$$

式中　D——液压缸活塞直径,mm。

机械臂伸缩速度为:

$$v=\frac{q}{3.14\times\frac{D^2}{4}}=\frac{\frac{100\times10^6}{60}}{3.14\times\frac{44^2}{4}}\approx1097\text{(mm/s)}=1.097\text{m/s}$$

可见,机械臂的推力和伸缩速度都能满足设计要求。司机手通过远程操控机械臂带动机械手进退,即可完成油管的抓放、扶正和对中。

现场应用中发现,下油管时司机操作手远程液控机械手中的油管对中,有时需要反复进退数次才能对准,直接影响了施工效率。此外,随着管柱负荷的增减,井架地基也会随之上下起伏而导致井架天车大钩的对中产生偏差,从而改变了原定的油管对中位置。对此,应用位移传感器和可编程逻辑控制(PLC)技术,实现了对机械手的自动定位。修井机就位后,调整机械臂带动机械手抓住油管的对中位置,PLC记住这一定位。此后,不论机械臂如何伸缩,机械手每到该位置时必然停顿下来,确保油管对中或准备推送油管。但只要给出新的进退指令,机械手将继续后退或前进。施工中若需要机械手再次调整对中位置,PLC会再次记住新的定位。这样,不仅消除了司机手心理上怕不易对中的担心,而且大大提高了工作效率。

为了把机械臂固定在修井机尾部,设计制作了液压三维调整固定支座(图5),主要由燕尾槽轨道底座、燕尾槽滑动板、支撑外筒及内筒、连接法兰、升降油缸、位移丝杠、减速齿轮、液压马达、双联手动换向阀及液压管线等组成。通过扳动手动换向阀,液压马达转动带动丝杠转动,达到机械臂前后位移的调整。扳动手动换向阀,升降油缸可进行机械臂上下位移的调整。松开支撑外筒与内筒的锁紧螺栓,可实现机械臂左右位移的调整。该支架安装、调整方便,适用于不同类型的修井机。

图5　机械臂固定支座实物图

3.1.3 气动卡盘

动力卡盘分为气动和液动两种,其功能相同,从现场应用情况来看,气动卡盘更为普遍。为确保管柱锁定可靠,对管柱表面不构成损伤,本装置选配了900kN气动卡盘。

3.2 自动上卸扣系统

液压钳是油管上扣、卸扣必不可少的工具。目前修井作业液压钳需要人工推拉就位,手动操作换挡手柄实现高低挡变速,操作换向阀手柄实现钳头正反转。因此,要实现井口无人化操作,就需要把人工对液压钳的操作全部转交给修井机操作手来完成,要求液压钳实现远控往复移动就位、上卸扣、换挡以及开口钳自动对缺口等。

3.2.1 液压钳往复移动就位装置

液压钳平移进退由图6所示的就位装置完成。该装置主要由调距花篮螺栓、定位花篮螺栓、连接缸向花篮螺栓、液压缸、钳向花篮螺栓等组成。工作时,司机手通过操控液压缸的水平进退,驱动液压钳移向油管就位后完成上卸扣或退回原位待命。

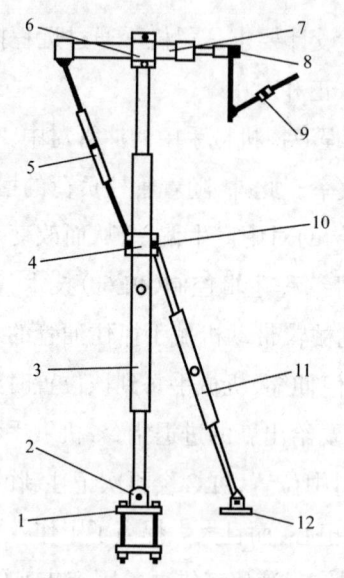

图6 就位装置结构示意图
1—夹板支撑座;2—圆头耳环;3—调距花篮螺栓;
4—圆形中心连接套;5—连接缸向花篮螺栓;
6—前端连接套;7—液压缸;8—T型连接套;
9—钳向花篮螺栓;10—六角螺栓;
11—定位花篮螺栓;12—连接平板支撑座

3.2.2 液压钳换挡

为实现液压钳换挡调整转速,采用了气动换挡技术。平时把换挡手柄定在高挡上,需要大扭矩时,由气缸顶起换挡手柄。当需要从低挡换高挡时,由弹簧自动拉回,从而保证了远程换挡。

3.2.3 液压钳自动对缺口器

为使油管顺利从液压钳口进出,必须解决自动对缺口问题。现场操作中发现,即使人工在井口操作液压钳,有时也要反复几次才能对正。因此,操作手站在距井口2m左右的修井机上一边观察液压钳工作状态,一边操控液压钳动作,是比较复杂的。

操作液压钳移向油管就位或退回原位之前,必须保证上一次操作中液压钳的大齿轮和壳体在上完扣或卸完扣时都要复位,使液压钳的钳口处于最大开口状态。研制的自动归位控制阀和定位控制盘的组合使用,实现了液压钳大齿轮的复位动作,从而使液压钳得以远控就位并进退自如。

（1）结构组成。如图7所示,自动对缺口器主要由液控阀总成、对位止动盘、液控阀支架、制动盘增高架等组成。

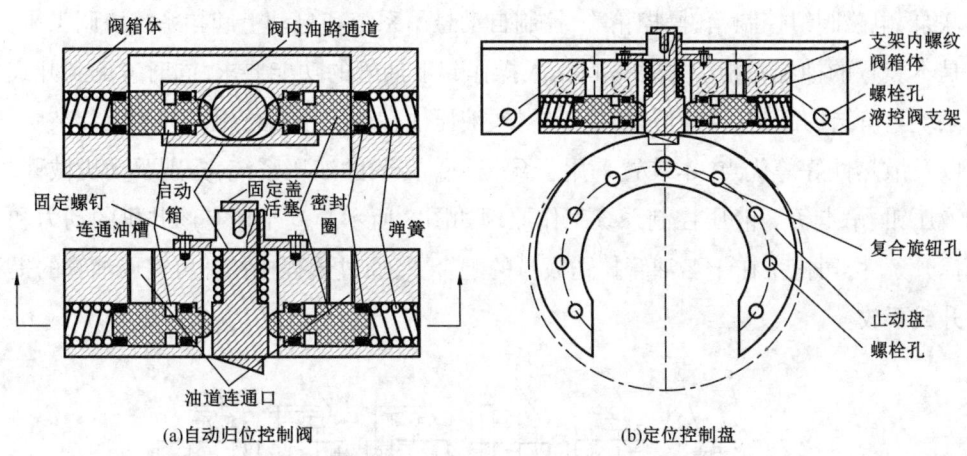

图7　液压钳自动对缺口器结构示意图

（2）工作原理。液压钳的大齿轮能自由转动,进行上扣或卸扣的动力来自液压马达,液压马达的动力靠修井机的液压油来提供。因此,只要控制了液压油的供给和断流也就控制了大齿轮的转动。将自动归位控制阀和定位控制盘分别固定在液压油管钳的外壳上部和大齿轮鄂板架的上部,自动归位控制阀始终保持不动,而定位控制盘能随鄂板架自由转动。自动归位控制阀的油路一端连接液压钳的来油管,另一端连接回油管,通过控制自动归位控制阀的开与关,来连通或断开液压钳的来油和回油。

自动归位控制阀正中的启动销在弹簧力的作用下向外伸出,启动销可左右摆动,最大摆动距离为6mm,能保证推动活塞形成泄油过程。启动销的前端成锯齿状,正好插进定位控制盘的豁口处,当定位控制盘正转(上扣)时,启动销前端在锯齿的坡度作用下,可以把启动销向后压缩回位,定位控制盘正转自由通过不受限制,也就保证了上扣动作的完成。当上满扣时,需要退出液压钳,这时操作手可通过气动控制液压钳的大齿轮反转,定位控制盘也随之一起反转,当豁口处卡进启动销时,定位控制盘与启动销直面相卡,推动启动销向一侧移动,启动销推动自动归位控制阀内的活塞向后移动,活塞上的泄油孔连通,使液压钳马达的供油系统形成短路,这时大齿轮正好在复位位置(大齿轮开口与液压钳开口一致),被切断了动力,则可以顺利地退出液压钳。当卸油管扣时(大齿轮逆时针转动),可把启动销的方向调转180°,与上扣过程相反,即可进入卸扣过程。

3.3 远程液压控制系统

各模块的操控指令集中到修井机的控制台上,组成远程控制系统,内部装有双联泵、电磁阀组控制箱、操控箱等,控制自动悬吊系统和自动上卸扣系统协调工作,是本装置的神经中枢。根据井口无人操作起下油管的功能要求,同时考虑到开式系统具有结构简单、价格低廉、便于维护、液压油在油箱中很好地冷却和沉淀杂质,以及散热性好等优点,本装置采用了泵、开式、并联的液压系统,分别驱动机械臂、液压钳、吊卡等。液压控制系统工作原理如图8所示。基于现有修井机的动力和提升条件,司机手在1名油管拉送人员的配合下,通过远程操控即可完成油管的提升或下放。

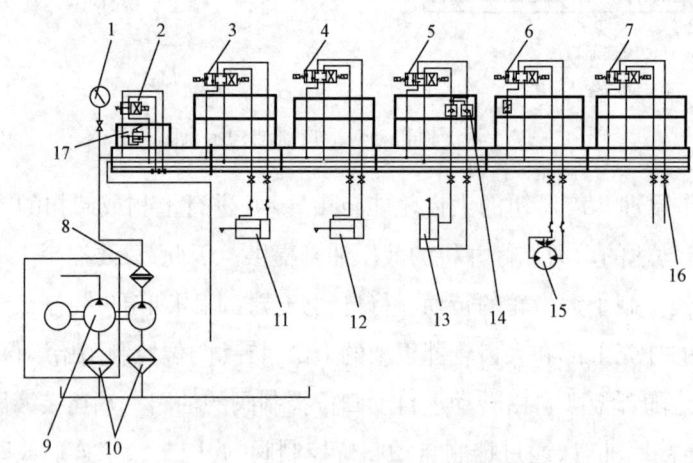

图8 液压控制系统工作原理图

1—压力表;2—手动三位四通阀;3,11—机械臂支承座调整;4,12—油管举升机;5,13—液压钳进出;6,15—液动吊卡;7,16—机械臂;8—高压过滤器;9—双联泵;10—回油过滤器;14—三通锁阀;17—调压阀

4 现场应用效果

本装置在岔河集油田岔12-142、15-140、48-127、48-125等井的检管、检泵作业中起下油管6000余根,平均起下速度49根/h,最高达到60根/h,达到了人工操作水平。现场应用认为,该装置抓放、扶正、上卸扣、起下油管平稳,动作连贯,性能可靠,只需1名司机手和1名拉送油管人员即可完成过去4人才能完成的操作,从而

使井口操作人员从繁重的体力劳动中解放出来,作业条件得到了改善。

5 结论及发展方向

(1)本装置基于现有修井机的动力和提升条件,通过对吊卡、液压钳的液控改造和研制自动定位机械臂与机械手,选配气动卡盘,实现了工人在远离井口条件下完成起下油管作业,施工速度人为可控且与人工操作水平相当,大大降低了工人劳动强度,保证了工人远离井口危险区域免受伤害,深得现场工人欢迎。

(2)本装置在不占用井口人工操作空间的前提下,实现了井口无人、有人操作双功能。起下油管时为井口无人操作,当拆装采油树、防喷器,起下抽油杆,装卸井下工具,进行井喷抢险,开展井控演习时,不影响井口有人配合操作。

(3)本装置使起下油管作业由劳动密集型逐步向知识密集型转化,但研发中没有追求全部高度自动化,因为那样会增加大量的辅助设备及投资,不适应小修井频繁搬家和低成本运行的需要。

(4)实现双人操作起下油管后,原来站井口的人员培训为司机手,轮流操车,可提高工作效率。

(5)起下油管井口无人操作后,修井机操作手的动作比较多。因此,通过自动化、智能化升级进一步简化操作,提高工效、可靠性和通用性,是本装置的下一步发展方向。

简析

本文的标题简短精练、一目了然,只用十几个字便将文章的主体与核心内容予以明确表达。摘要与关键词虽然篇幅不长,但基本将文章的主题做了说明。

引言部分篇幅适中,表达方式较规范、用词用语较为严谨,介绍了起下油管作业现状,简析了现行作业的风险、低效率、高劳动强度等不利因素,引出了"研制无人操作装置"的必要性,提出了该装置应具有的功能,也即本课题的研究任务与目的。

本文属于介绍新装置、新设备的设计与研制方面的文章,其内容叙述的主线为:设计与研制思路—设计与研制的主要内容—应用效果说明等。其中,设计与研制的主要内容为重点叙述的内容。

"设计与研制思路"不是重点叙述内容,所以只用几个小点介绍了设计要求;而第二部分"设计与研制的主要内容"为重点叙述的内容,用了较大篇幅对无人操作装置做了较为全面的介绍。"应用效果说明"虽非重点,篇幅也不大,但意义重大,故也按一级标题段落设计,在内容叙述上运用了大量的现场应用数据和指标增强了文章的说服力。

用词用语与文字符号:文章的用词用语较为准确简练,几乎看不到口语化的词语,文字图表符号表达均较为规范清晰。

范文二

裂解气压缩机注水系统技术改造

迟国政

(中国石油辽阳石化公司烯烃厂)

摘要: 为解决裂解装置裂解气压缩机存在结焦的问题,对原有注清洗油系统进行改造,新增压缩机注水系统,从而降低压缩机内部流体温度,解决结焦的问题。

关键词: 裂解气压缩机;结焦;注水系统;喷嘴;改造

某公司裂解气压缩机组是裂解装置的龙头设备,机组运行状态的好坏直接决定着整个裂解装置的安全、稳定和长周期运行。裂解气压缩机压缩介质是从裂解炉来的裂解气,裂解气组分包括烯烃类、过氧化物、硫化物及氧化氮等,在一定温度和压力下会发生聚合反应,形成类似焦油的黏稠沉淀物,阻塞叶轮、隔板、机壳、流道和密封,使压缩机流量减小,导致压缩机压力损失增大,从而降低压缩机的总效率。这种聚合物开始形成时非常均匀,但随着厚度的增加,覆盖在转子表面的聚合物在离心力作用下会部分脱落,转子会发生突发性不平衡,严重时会造成压缩机停车,压缩机在较短的周期内就需要检修和清洗。因此必须采取各种方法避免和限制这种聚合反应。

目前该机组采用的是通过阀门、喷嘴在各段入口管道注入溶剂(清洗油)的方法,并添加进口阻聚剂,长期以 2%~3% 裂解气容积流量的溶剂注入,而使聚合物松动和脱落,并冲刷出压缩机。采用喷清洗油工艺来解决结焦问题,不仅对清洗油油质要求较高,清洗油系统运行费用也很高。同时,因为这种处理办法只能在聚合反应发生后被动处理,并不是在根本上解决聚合结焦问题,所以有时效果不是很好,压缩机流道内结焦问题仍很严重,极大地影响了机组长期稳定运行。

压缩机注水技术是指向压缩机流道内注入脱盐水,通过系统设置保证水能迅速汽化,利用水较大的汽化潜热,吸收周围裂解气的热量,降低下一级叶轮进口温度,从而达到降低每段气体温度的目的。注水后使压缩机各段的出口温度始终低于一定值,那么这种聚合反应就不会发生,也就从根本上解决了结焦问题。注水减温的同时,因降低了压缩过程温升,使其更接近于等温压缩,提高了压缩效率,减少了压缩机内耗功。

一、改造前运行状况

压缩机原设计参数见表1,改造前运行数据见表2。

表1 压缩机原设计参数

工段位置	Ⅰ段	Ⅱ段	Ⅲ段	Ⅳ段
吸入温度(℃)	44.1	25.0	25	25.0
排放温度(℃)	≤80	≤85	≤85	≤95
吸入压力(绝)(kPa)	1.200	2.413	6.044	14.414
排放压力(绝)(kPa)	2.713	6.244	16.044	35.909

表2 压缩机改造前运行数据

工段位置	Ⅰ段	Ⅱ段	Ⅲ段	Ⅳ段
吸入温度(℃)	34.91	28	28	28
排放温度(℃)	82	89	92	108
吸入压力(绝)(kPa)	1.556	2.4	6.8	16.0
排放压力(绝)(kPa)	3.7	7.0	17.0	37.3

对比表1、表2中的数据发现,该机组的运行状态不好,偏离设计值较多。机组运行中存在如下问题:

(1)在运行转速(9807r/min)下,机组运行偏离设计点很多。

(2)在机组运行总压比(23.97)低于设计总压比(29.92),并且Ⅰ段进口温度低于设计值(Ⅰ段实际进口温度为34.91℃,而设计进口温度为44.10℃)的情况下,Ⅳ段出口温度高于设计值,说明机组运行状况很差。

可以推断机组运行效率很低,除了存在密封泄漏以外,不排除有结焦对压缩机气动性能的影响。机组运行工艺条件发生较大变化,各段进口温度升高,如不进行改造,可能会影响到压缩机的安全稳定运行。按原设计参数,压缩机各段出口温度均为100℃以下,但是按目前生产负荷,压缩机Ⅳ段出口温度已严重超标,在夏季,Ⅳ段出口温度甚至超过了110℃,使压缩机一直在超温情况下运行,成为生产过程中亟待解决的瓶颈问题。

二、注水系统方案

(一) 水源及水质

脱盐水的水源为装置的锅炉水,其水质能够达到水中无固体物、油、污物和其他杂质的要求:水量1.6t/h;供水压力4.0MPa,经过核算,可就近接引;水温30~60℃,通过增加一台换热器(冷却器)可达到使用要求。

(二) 注水系统布置

注水系统如图1所示。注水系统主要包括换热器、过滤器、温度计、压差变送器、压力变送器、气动调节阀、流量计、截止阀、止回阀、减压孔板、管路等。注水点仍采用原机组的洗油注入点,低压缸采用两个洗油注入点,高压缸采用两直口段注入点。

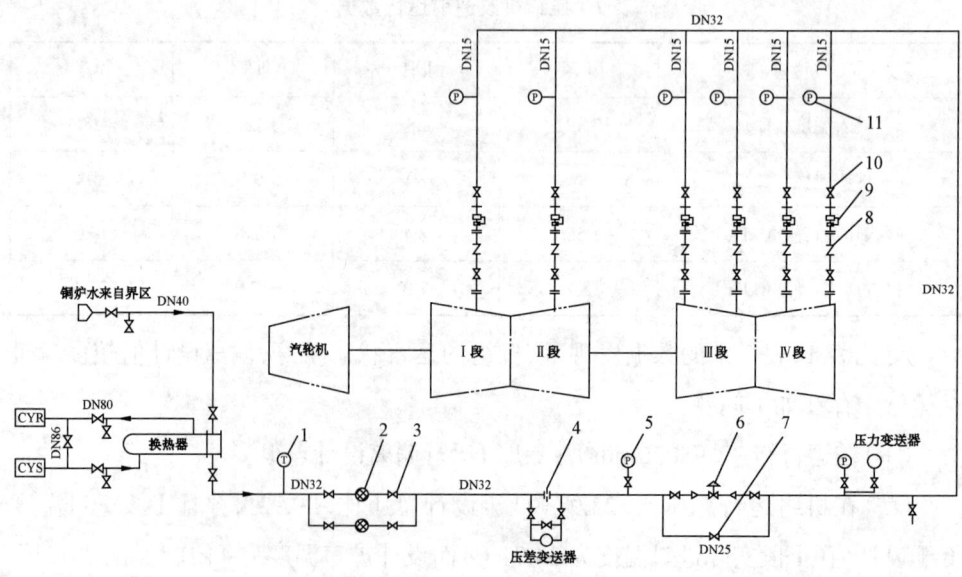

图1 注水系统示意图

1—温度计;2—过滤器;3,7,10—截止阀;4—节流装置;5—压力表;
6—气动调节阀;8—止回阀;9—金属管浮子流量计;11—压力表

(三) 缸体开孔及喷嘴安装

根据系统计算,采用六点四段注水：Ⅰ段1点,Ⅱ段1点,Ⅲ段2点,Ⅳ段2点。为保证安装要求,必要时对原洗油孔进行扩孔加工,对喷嘴组件进行配套设计。对于低压缸Ⅱ段洗油点和高压缸Ⅳ段1洗油点,采用如图2所示的喷嘴安装方式：对内缸体进行机加工,喷嘴连接件进行配套设计,喷嘴安装在连接套管上,连接套管固定在法兰上,法兰与内缸体台阶孔配合,防止喷嘴组件径向窜动。

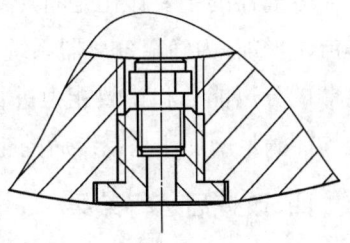

图2　喷嘴组件连接方式1

对于低压缸Ⅰ段洗油点、高压缸Ⅲ段1洗油点、高压缸Ⅲ段2洗油点、高压缸Ⅳ段2洗油点,采用如图3所示的喷嘴安装方式：对压缩机内壳体进行机加工,台阶孔防止喷嘴组件径向窜动,喷嘴组件前、后两端均采用密封圈是为了保证当机组内、外壳体上所开的孔稍有偏差时也能够得以很好的安装和密封。喷嘴组件与压缩机内壳体相接的部位使用密封垫片是为了保证良好的密封,压环的作用是保证喷嘴组件在安装后能够固定并保证密封性,而喷嘴组件进水端的内孔加工有螺纹,可以使喷嘴组件在维修时容易拆卸下来。

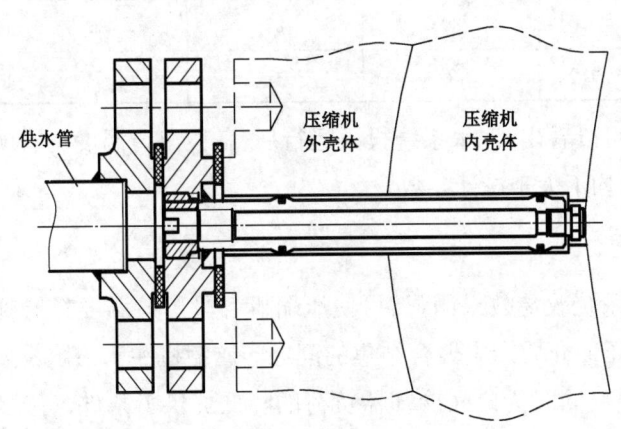

图3　喷嘴组件连接方式2

三、注水系统对压缩机组其他系统的影响分析

(一) 对段间冷却器的影响

注水后段间冷却器的进、出口温度以及热负荷与冷凝量(烃类、水)等参数均有变化。虽然注水后降低了压缩机的出口温度,减小了换热器的冷却负荷,但液体

的冷凝量加大,换热器必须消化更多的冷凝热,因此有必要对段间冷却器的冷却能力进行核算。

(二) 对段间分离器的影响

分离器的主要作用是将压缩后的工质进行气液分离、排放。注水后工质中液体流量增加,为确定分离器系统是否能够正常工作,必须对大负荷工况下注水后分离器的分离能力和排放能力进行分析和计算。经过核算,段间冷却系统和分离系统均能满足增加注水系统后的全部负荷。

四、改造后运行效果

压缩机注水系统投用后,机组在正常运行的相同工况下,各段出口温度均有明显下降,见表3。

表3 各段出口温度比较

压缩机出口位置	低压缸		高压缸	
	Ⅰ段	Ⅱ段	Ⅲ段	Ⅳ段
设计值(℃)	≤80	≤85	≤85	≤95
改造前(℃)	82	89	92	108
改造后(℃)	80	83	85	93
改造前后温度差(℃)	2	6	7	15

从表3中可以看出,注水系统投入运行后,各段出口温度均有明显降低,与原始设计值相比,均不大于设计参数。

五、结束语

此次注水系统改造效果明显,可使压缩机各段出口温度降低到设计参数,解决了由于高温压缩介质产生聚合结焦的问题。压缩机注水系统投入运行后,可将原注油系统停用,同时为段间冷却器负荷的降低提供了条件,有效地降低了运行成本。

此次改造为同一装置的裂解气压缩机注水系统改造提供了成功经验。基于此次改造的成功,同装置的另外一台裂解气压缩机也正在着手注水系统的改造。

简析

论文标题采用短语结构,简短精练,题目信息量足以反映出文章主题。摘要内容以简明精练的语言,按照"目的、方法、发现、结论"顺序进行撰写,结构清晰;但"文章论述了"冗余,可删除。本篇论文关键词前3个选取得较好,后2个重要程度一般,可以略去。

引言第一段交代压缩机工作中存在的问题,第二段交代原有的解决方案存在的弊端,第三段交代新的技术改造方案及效果。思路比较清晰;语言上还有待提升,如科技论文的文字要求客观朴素,避免用俗语、土话、口语等。文中"龙头"有辞藻华丽之嫌,可根据文中前后段表达意思,将其更换为"关键",第二段中"问题仍很严重,这严重影响了",前句话中已出现"严重",紧跟其后又出现"这严重"一词,语义重叠。因此,做删除处理。

论文主体结构合理,前言引出技术改造目的,并对改造后有益效果进行了总体评价;下面按照改造前运行情况、改造方案、改造后带来的其他影响、改造后运行效果进行了对比分析,最后以结束语总结了前面改造工作实现的目的。但部分内容语言表述不够简练,如"一、裂解气压缩机组改造前运行状况",论文题目已经把主体技术改造对象交代清楚,因此小标题中可删除"裂解气压缩机组";"其水质能够达到水中无固体物、油、污物和其他杂质的要求"中"其水质"已表明"水中"的意思,文字稍显啰唆;文中文字与图表的位置应做出更合理的安排。

论文最后一段文字与本文所讨论的技术改造工作相关性不太,相当于下一阶段的工作安排,并不是由前面所述正文推导出的结论,应删除。

范文三

腐蚀油管打捞技术实践与认识

吴占关

(吐哈油田井下技术作业公司)

摘要:随着油田进入后期开发,注水井小排量酸化解堵工艺技术使用越来越频繁。由于种种原因,部分注水井酸化解堵后因返排不及时、酸液缓释剂配方不科学及反洗井不彻底等,导致注水管柱腐蚀严重,管柱出现破损及管体壁厚变薄,作业时无法正常将井下管柱起出,给后续施工带来了不利因素。一般情况下就需要大修作业进行打捞腐蚀油管。本文结合现场实际就打捞腐蚀油管施工难点、解决思路、施工工艺及技术要求进行总结,为今后处理此类事故起到一定的借鉴作用。

关键词:腐蚀油管;套磨铣;打捞

一、腐蚀油管打捞施工难点分析及解决思路

施工难点 1：油管不居中，贴靠套管。

（1）套铣时发生局部切削，产生较多剩余残留物。

（2）套铣时铣头沿着油管本体套铣，进尺缓慢，长时间沿着油管本体套铣加速铣头磨损，同时在反扭矩作业下造成钨钢脱落，导致套铣无进尺，且增加卡钻风险。

解决思路：

（1）选用套铣筒 ϕ150mm×117mm×11m，增加铣头强度。

（2）低转速将鱼头引入套铣筒内腔，选择合适钻压，控制转盘转速为 50r/min 左右，套铣 1h 无进尺大排量洗井后，调整管柱结构，进行大排量反洗井后再重新套铣，如仍无进尺，应起钻检查。

施工难点 2：磨铣后鱼头修整不平整，洗井不能带出井筒，损坏铣头。

磨铣后鱼头不平整，残片与油管鱼头未分离，或鱼顶遗留残片较大，洗井时无法将残片带出井筒，造成套铣筒入鱼时产生较大憋跳，将钨钢扳掉，损伤套铣头。

解决思路：

（1）选用凹底高效磨鞋，将鱼头扶正收于凹底磨铣，防止残片外翻且管柱应装捞杯。

（2）调整合理钻压和转速进行磨铣，确保磨铣产生的钻屑均匀。

（3）磨铣结束后必须反复进行高转速、低钻压修整鱼头，在标记范围内修鱼后探鱼头钻压应为零钻压，此时鱼头修整较为平整，无残皮和外翻现象。

施工难点 3：残皮返出困难。

磨铣完井筒内剩余较大残皮及套铣过程中扳掉或脱落的钨钢体返出井筒困难，处理不好导致套铣无进尺，钻具憋跳严重，增大卡钻风险。

解决思路：

（1）每趟套铣管柱下到位后，用钻杆短节调整管脚应能够接触到鱼顶，先大排量反循环洗井，洗井过程中不断上下活动钻具、适当旋转钻具，并将管脚下放至鱼顶位置，尽量将残皮碎屑冲散带出井筒。

（2）配制高黏度修井液 1m³ 左右（根据套管环空容积，高度约 500m），黏度控制在 70～80Pa·s，反循环洗井前替入井筒，将较大的残屑洗出，洗井时算准洗井液迟到时间，观察出口返出物情况。

施工难点 4：射孔段套铣困难，卡钻风险系数大。

对于射孔段情况不明,套管是否存在变形、毛刺、炮眼凸出等情况,长套铣筒进入射孔段套铣,增大卡钻风险。

解决思路:

(1)套铣筒进入射孔段不能盲目下套,先循环1~2周,待井筒稳定后方可下套,专人坐岗,密切注意出口返出及循环池液面变化。

(2)套铣时盯好指重表和扭矩表,一旦钻具扭矩增大,发生跳钻,应停止套铣,将转速降到50r/min左右,钻压降到10kN以内,待正常平稳后方可加钻压,不能只为进尺快盲目加钻压、盲目钻进。

(3)射孔段坚持划眼,每钻进0.3~0.5m划眼1次,若憋跳严重,坚持轻钻压低转速套铣,增加划眼频率。

二、腐蚀油管处理工艺步骤

(1)由于腐蚀后的油管内部腐蚀损毁严重,不能承受正常的内部挤压力,所以尽量使用先套后捞的方式(腐蚀油管套铣应以旋转轻拨为主,尽量不采取高转速、大钻压,以免损伤管体,有时会出现管体破损,形成大块碎屑)。

(2)对腐蚀油管采取以下措施进行处理:

① 套铣:使用长套铣筒套铣至油管接箍以下50cm,如图1所示。

② 清扫井底:现场配制高黏度修井液清洗井底。套铣管柱下到位,套铣前,从套管替入高黏度修井液清洗钻磨后剩余的残皮碎屑,清理井底,保证套铣入鱼不产生较大的憋跳。高黏度修井液黏度控制在70~80Pa·s,如图2所示。

图1 套铣筒　　　　　　　　图2 高黏度修井液

③ 套铣:采用长套铣筒套出油管本体和下接箍环形空间。套铣筒有效长度必须大于油管长度80cm以上,套铣头堆焊黏合剂涂层均匀,钨钢包浆严实不外露,堆焊长度2.5cm左右,如图1所示。

④打捞：选用组合式卡瓦捞筒或组合式母锥打捞油管,卡瓦捞筒前端加工引鞋,母锥打捞范围ϕ100~117mm,且引鞋前端均铺设钨钢,便于打捞时旋转套铣,如图3、图4所示。

图3 组合式卡瓦捞筒

图4 组合式母锥

三、腐蚀油管打捞技术要求

（1）由于腐蚀后的油管内部腐蚀损毁严重,强度降低,内捞不能正常承受内部挤压力及拉力,管体容易变形,而且会有大块油管残皮产生,应尽量使用外捞方式,采取先套后捞或套捞一体。套磨铣时若产生跳钻憋卡,及时上提钻具,转速降到20~30r/min,钻压降到10kN以内,活动管柱,提高排量洗井,待平稳后,方可继续加压钻进。

（2）在套铣无进尺又无法实现内捞的情况下,需要进行磨铣,在钻具组合的选择上,根据工艺需要可以在磨鞋以上2~3m或1根钻杆位置连接随钻打捞杯,增加颗粒较大钻屑的携带能力,防止磨鞋重复切削,提高磨铣效率。

（3）套铣时根据进尺快慢和进尺判断确认接箍处环空有无杂物,杂物清理干净再进行打捞。

（4）套铣筒下到位后不急于套铣,先反替入黏度70~80Pa·s高黏度修井液,使用双泵大排量进行反洗井1~1.5周,彻底清理鱼顶上的残留物；对于较大残皮的清理,下入复合开窗捞筒或特制活页捞筒进行打捞处理。

（5）套铣开泵正常后上下活动钻具2~3次,校准悬重和记录好摩阻变化。套铣前30min,钻压保持在5kN内；然后根据套铣进尺情况,调整钻压在5~20kN,转速在70~80r/min范围内,钻压、转速不宜过高,根据不同钻压找出最佳施工参数。由于套铣鞋承压面积小,不允许采用较高的钻压。

（6）套铣时钻杆数据必须准确测量,确保套铣至下一个油管接箍完全露出,并套至接箍以下至少50cm,保证打捞施工。

（7）清扫残皮和废屑时应将套铣筒套入鱼顶,保持排量不变,当残体或废屑反洗至套铣头处时上提管脚至鱼顶以上,将所有残体或废屑带出地面。反洗时应反复多次上提管脚,再引入鱼头、下放管柱等操作。

四、现场应用

玉1-12井是鲁克沁油田西区的一口注水井,该井于2015年11月复合深部酸化(不动管柱小泵酸化),2016年4月,由于投捞遇阻上修冲检作业,4月3日,冲检时发现全井油管腐蚀,第296根油管被腐蚀断(接箍以下2.62m),经打捞捞获部分油管残皮(呈团状重4.7kg,长约35cm),井内剩余63根ϕ89mm加大油管及2个封隔器、2个配水器。为恢复该井正常注水,上大修动力打捞井下剩余落物,然后分注完井。

（一）套铣施工

（1）钻具组合:ϕ150mm×117mm×11m套铣筒+ϕ73mm钻杆短节+ϕ73mm钻杆。

（2）施工参数:钻压10~40kN,转速60~80r/min,套铣进尺至接箍以下50cm。

（3）施工效果:套铣4次,套出油管4根。

（二）加长卡瓦捞筒打捞施工

（1）钻具组合:ϕ150mm×114mm×11m卡瓦捞筒(带引鞋)+ϕ73mm钻杆短节+ϕ73mm钻杆。

（2）施工参数:缓慢下放钻具,启动转盘转速10~20r/min,旋转引鱼进捞筒后停转盘,继续加压10~40kN,上提打捞。

（3）施工效果:打捞11次,捞获油管56根。

（三）加长母锥打捞

ϕ150mm×(100~117)mm×11m高强度母锥打捞3次,捞获油管5根。

（四）打捞

最后使用公锥、倒扣捞矛、双滑块捞矛打捞出Y341-148注水封隔器及KPX-114偏心配水器。

参考文献

[1] 廖雄, 吴志国. 腐蚀油管的打捞技术. 科技向导, 2015, 18.
[2] 万仁博, 罗英俊. 采油技术手册: 修井工具与技术. 北京: 石油工业出版社, 1989.

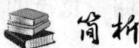

本文标题基本将文章主题和核心内容, 即主要叙述腐蚀油管打捞的实用技术与技巧予以准确表述, 字数符合规范。

全文基本按照现场生产施工中的工艺难点和关键环节说明与分析—采取的处理措施与技巧叙述—实际应用效果综述—辅助说明这一内容结构主线展开。

作者采取了开门见山、直奔主题的段落设计方式, 一开篇就将"腐蚀油管打捞施工难点分析及解决思路"这一重点内容作为一级标题段落, 分四个层次予以详细叙述; 为了体现实用性, 又将"腐蚀油管处理工艺步骤""腐蚀油管打捞技术要求"两个辅助性内容, 按照一级标题段落紧放其后, 而将"现场应用"作为收尾, 从而使全文具有了重点突出、简洁明了, 实用性、完整性强的特点。

全文用语通俗易懂、清晰准确且具有实用性, 符号表示符合规范, 且图文并茂, 直观性强。

本文最大的问题是摘要内容过多, 但没有引言。可以将摘要拆分, 前半部分背景交代改造为引言, 后半部分则可提炼为摘要。

范文四

MWD 仪器可退式打捞器的研究与应用

张耀先　武东生　秦新德

(中国石油西部钻探吐哈钻井公司)

摘要: 目前在石油钻井行业, 无线随钻测斜仪 (MWD) 是进行定向作业、井身质量控制的有力工具。但由于发生钻井事故后, 因没有有效的 MWD 专用打捞工具, 仪器无法成功捞出, 导致事故处理失败。MWD 仪器可退式打捞器的成功研制, 有效地解决了 MWD 仪器随时打捞和回放, 降低了仪器的使用风险, 可以避免重大的经济损失。

关键词: 无线随钻测斜仪; MWD 可退式打捞器; 钻井复杂与事故; 填井侧钻

一、MWD 可退式打捞器的工作原理及技术特点

（一）MWD 仪器在井下卡钻后无法打捞的状态分析

在井内钻具带有 MWD 而发生卡钻事故无法解除的情况下,用原厂配套打捞工具很难成功地将 MWD 仪器从井底打捞出来。在实际使用中发现原有的打捞工具存在以下几个方面的缺陷:打捞工具没有设计对接引鞋;没有扶正助推环;只有一次打捞锁紧,没有二次下放退出的功能。

综合以上缺陷分析原因:

（1）打捞工具在没有对接引鞋的情况下,仪器捞矛在对接过程中很难进入打捞器的卡簧内。

（2）如果打捞器没有扶正助推环的扶正作用,很难在钻具内居中,会造成捞矛和打捞器的错位而使打捞失败。尤其水平井内仪器的打捞很难成功,因为打捞器下放到水平段后,无法再依靠重力继续前行,加之因投捞器不居中也无法和随钻仪器捞矛对接,所以造成每次打捞失败。

（3）如果打捞器不具备二次退出的功能,一旦井下仪器卡死,在打捞时会造成打捞电缆和设备的损坏。

根据以上原因分析,重新研制了新型的可退式打捞器,从而满足各种情况下的仪器打捞,现已申请国家专利。该打捞工具具有打捞、回放的功能,当井内 MWD 仪器发生故障后,使用该打捞工具可在无须起下钻的情况下,先打捞出 MWD 仪器,排除故障或更换电池后,重新下放至井下原位置后退出打捞工具,仪器可继续工作(即回放作业),这样可以减少一趟钻。经过现场打捞回放试验获得成功,经济效益可观。

（二）可退式打捞器的工作原理及操作方法

当井下钻具带 MWD 仪器发生卡钻后,打捞 MWD 仪器时需绞车作为动力来配合打捞。准备工作:在地面将打捞器(图1)和电缆进行连接,依据钻具水眼内径的大小来选择合适的对接引鞋和扶正助推环,依据钻井液的性能选择加重杆的数量,以确保打捞的成功,详细检查打捞器钩爪是否完好,钩爪的弹力回位是否灵活到位。

将连接好的打捞器通过绞车从钻具内下放,下放时要控制好下放速度(建议速度为 80m/min),下放到距离 MWD 顶端 200m 时,要立即降低下放速度(30m/min),

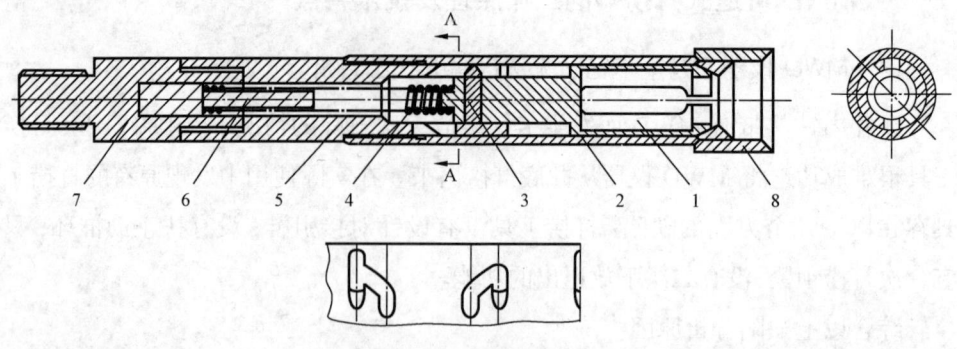

图 1　打捞器结构图
1—卡爪；2—外筒；3—锁柱；4—弹簧；5—导向窗；6—支撑体；7—接头；8—打捞引鞋

让打捞器缓慢地和仪器捞矛接触(防止因下放速度太快而造成打捞器损坏)，在加重加长杆的重力作用、对接引鞋的引导和扶正环的居中作用下成功对接锁紧。当在水平井打捞时，需将有线随钻绞车的循环头和井口钻具连接，将连接好的打捞器从循环头液压缸胶塞处下入钻具内后停止下放。此时给液压缸打压，打压后的胶塞不能将电缆抱死，能够让电缆上下运动，其主要目的是让电缆能够继续下行并防止大量的钻井液从胶塞和电缆之间的间隙流出。首先用单阀门、排量不能大于11L/s 开泵循环，此时会有少量的钻井液从胶塞和电缆之间喷出，用棉纱或抹布将其盖住，防止喷得太远而污染设备。待单阀门开泵正常之后，启动绞车继续下放电缆，此时打捞器依靠扶正助推环在钻井液循环水力的推动下，在水平井段内继续前行和无线随钻仪器打捞矛对接紧锁。

经判断已成功对接，此时启动绞车上提，并依据打捞绞车井深计数器的下放深度、绞车上提时的张力和绞车的负荷(通过听绞车的声音)来判断无线随钻仪是否在井内被卡。如果张力、负荷增加到一定限度后不再增加，说明仪器未卡，继续上提起出仪器；如果张力、负荷继续增加，应立即停止上提，说明仪器被卡无法打捞。此时将打捞器下放，打捞器会自动退出捞矛，因为打捞器具有一次下放锁紧、二次下放退出的功能。这样就完成了整个仪器的打捞和退出的过程。

(三) 可退式打捞器的技术特点

(1) 结构牢固，耐受性好。可退式打捞器的内部机械结构合理，钻井液流道畅通，无任何橡胶件、电子元器件，耐高温；采用不锈钢、铝合金作为元件的加工材料，耐腐蚀。

（2）能适合各种型号钻具使用。根据钻具水眼大小的不同,研制了不同型号的对接引鞋,分别为$\phi 53mm$、$\phi 56mm$、$\phi 58mm$、$\phi 60mm$、$\phi 62mm$,引鞋的喇叭口能够顺利地将无线随钻仪器的打捞矛引进打捞器内,以保证成功对接,引鞋的外径始终小于钻具内径10mm左右,便于钻井液的流通,防止抽吸拔活塞,确保打捞器能够顺利到达打捞位置。

（3）具有居中助推作用。在整个打捞器的前后位置,根据钻具水眼大小的不同,研制了不同外径的扶正助推环,分别为$\phi 53mm$、$\phi 56mm$、$\phi 58mm$、$\phi 60mm$、$\phi 62mm$,在打捞时能够起到扶正助推的作用,尤其是水平井内的仪器打捞,在无扶正助推环时很难成功,在水平段,打捞器仅靠自身的重力作用无法继续前行,只有靠扶正助推环在钻井液水力作用的推动下将打捞器推送到打捞位置,并在扶正助推环的居中作用下来保证打捞矛的顺利进入和对接紧锁。

（4）具有配重功能。打捞器在下放时因受到钻井液性能的影响,打捞器很轻,在高黏度、高密度的钻井液中很难下放。为了保证打捞器的顺利下行,研制了外径为45mm,长度分别为30cm、60cm、100cm的加重加长杆,根据钻井液黏度和密度的大小来选择不同长度的加重加长杆,另外,利用加重加长杆的重力作用也便于对接解锁、二次退出。

（5）打捞器具有二次下放可退的作用。第一次打捞上提遇阻,张力仪显示一直上升,绞车负荷加重,这时说明井下无线随钻仪器严重卡死,如果继续上提,会造成电缆或打捞设备的损坏,此时只能放弃打捞,重新下放二次解锁退出,以保证打捞设备的安全。

二、现场情况及效果分析

（一）实际打捞情况比较

2009年10月8日,32822井队在长庆承钻的源100-8井,钻至2722m时卡钻,井下有MWD仪器,用厂家所配备的投捞器经多次打捞未能成功,仪器最终被埋井下。该仪器单配最低成本为80万元,损失巨大。

2011年5月9日(井深:3891.2m)和2011年6月18日(井深:3924m),柯34H井的2次卡钻事故中,首次用可退式投捞器成功将无线随钻仪器从井底打捞出来,从而避免了无线仪器被埋井下的重大事故,为公司挽回了200多万元的经济损失。

2013年12月5日,在连平23-1井,当钻至井深4608m,井斜70°时发生了卡钻,先采取浸泡、震击、倒扣等方法未能将事故解除,12月12日,用打捞器将MWD仪器成功捞出。

2014年11月20日,马706H井发生卡钻事故,该井是一口水平井,卡钻井深2420m,井斜91.4°,使用可退式打捞器成功捞出MWD仪器。

(二) 挽回经济损失

可退式打捞器目前共计打捞MWD仪器24次,成功率100%,以目前井内每套定向仪器的单配最低成本50万元估算,已为公司挽回了1200万元损失。

三、结论

(1) 可退式打捞器的成功研制与应用,有力地解决了无线随钻仪器无法打捞的重大难题,极大地降低了仪器的使用风险,确保了仪器在井下的安全使用。

(2) 可退式打捞器在扶正助推环的配合下,解决了水平井无线随钻仪器无法打捞的又一重大难题。

(3) 该工具可靠性高,综合成本较低,设计合理、使用简单,目前打捞成功率100%,具有广泛的应用前景。

(4) 利用可退式打捞器的二次下放退出功能,可以完成当井下仪器发生故障后,在不起钻的情况下,从井底将仪器打捞到地面进行维修后继续下放回井内工作,这样可减少一趟钻,节约成本。

参考文献

[1] 罗永中,陈怀高,吴先中,等.CDL测井仪打捞工具的研制与应用.天然气工业,2006,26(7):59-60.

[2] 许学刚.反穿心打捞测井电缆时井口防喷工具的研究.中国石油和化工质量与标准,2013,(17).

[3] 罗荣,蒋建平,崔光.塔河油田测井事故处理及预防探讨.测井技术,2013,37(5):553-556.

简析

这是一篇"革新成果改造式"论文,针对原打捞工具很难成功将发生卡钻的MWD仪器打捞问题进行了原因分析,并重新研制新型的可退式打捞器。现场进行技术革新和改造的事例很多,将研究和应用情况转换为论文是较容易的一种做法,期间注意收集资料,这样对写论文获取资料更会显得容易些。

论文中对工作原理及操作方法、技术特点进行了较详细的介绍。但"现场情况及效果分析"略显简单,仅举几个示例,没有详细介绍应用的情况。关键字的选择上,应该考虑到方便其他人员检索本文章,关键字"填井侧钻"还可以再斟酌,它与该论文并无明显关系。

范文五

吐哈油田温米、丘东区块随钻堵漏技术

马世清 柏富友 李益寿 周哲文

(中国石油西部钻探公司吐哈钻井公司)

摘要:随钻堵漏技术是在钻遇漏失地层时,堵漏剂随钻井液进入漏层内部,迅速形成封堵层,防止漏失进一步发生的堵漏技术。通过研究吐哈油田温米、丘东区块漏失机理及常用随钻堵漏浆现状分析,引入了新型材料——雷特随钻堵漏剂,并对随钻堵漏浆配方进行优化和性能评价,在温米、丘东等易漏区域应用,有效减少了漏失损失。

关键词:随钻堵漏;雷特;孔隙性;渗透性;漏失;钻井液

吐哈油田温米、丘东区块处于开采中后期,部分地层存在亏空、储层段砂岩承压能力低、井筒中出现多套压力层系、安全密度窗口窄,钻进过程中极易发生井漏。近3年完成井共有17口发生漏失,漏失钻井液10674m^3,复杂时间1939h,经济损失近千万元。因此,在温米、丘东区块开展了随钻防漏堵漏技术研究。通过研究漏失机理,优选出新型材料——雷特随钻堵漏剂,并对随钻堵漏浆配方进行优化和性能评价。该配方具有封堵性能强,滤失量低,性能稳定,对钻井液流变性能影响小等优点。同时对堵漏施工工艺进行优化,形成了一套适用于温米、丘东区块易漏地层的随钻防漏堵漏技术。

一、漏失机理研究

温米、丘东近3年漏失情况统计见表1。

表1 2011—2013年漏失情况统计表

井号	漏失井深（m）	地层	岩性	漏失量（m³）	钻井液性能	原因
温8-508	2375	J_2s	灰色细砂岩	843	$\rho=1.23g/cm^3$, FV=60s	砂岩渗漏
温西-302	2491	J_2s	灰色细砂岩	110	$\rho=1.25g/cm^3$, FV=63s	砂岩渗漏
温西-605	2381~2540	J_2s	灰色细砂岩	435	$\rho=1.27g/cm^3$, FV=59s	砂岩渗漏
吉3	4450	J_1b	灰色细砂岩	967	$\rho=1.33g/cm^3$, FV=88s	承压能力低
吉101	2900、3440	J_2s, J_2x	灰色细砂岩	246	$\rho=1.35g/cm^3$, FV=78s	承压能力低
温8-201	2411	J_2s	灰色细砂岩	215	$\rho=1.25g/cm^3$, FV=61s	砂岩渗漏
温气18	2840	J_2x	灰色细砂岩	745	$\rho=1.35g/cm^3$, FV=62s	压力系数低
温402	2366	J_2s	灰色细砂岩	27	$\rho=1.25g/cm^3$, FV=54s	砂岩渗漏
温8-48	2390~2535	J_2s	灰色细砂岩	1310	$\rho=1.20g/cm^3$, FV=59s	砂岩渗漏
温西-803	2524~2664	J_2s	灰色细砂岩	1799	$\rho=1.38g/cm^3$, FV=60s	砂岩渗漏
温13	2335~2779	J_2s, J_2x	灰色细砂岩	2376	$\rho=1.20g/cm^3$, FV=55s	承压能力低
温8-3063	2669~2763	J_2s, J_2x	灰色细砂岩	246	$\rho=1.20g/cm^3$, FV=65s	承压能力低
丘东59H	3371	J_2x	灰色砂岩、粉砂岩	130	$\rho=1.23g/cm^3$, FV=88s	承压能力低
丘东61H	2466	J_2s	灰色砂岩	122	$\rho=1.20g/cm^3$, FV=53s	砂岩渗漏
丘东66H	3068 3515	J_2x	灰色砂岩、粉砂岩	634	$\rho=1.25g/cm^3$, FV=63s	承压能力低

温米、丘东区块漏失地层全部为储层段，地层岩性以砂岩、细砂岩为主。漏失原因是砂岩渗漏、地层承压能力低。

（一）地层物性分析

温米、丘东区块储层岩石以长石岩屑砂岩为主，砂岩常以粉、细、中不等粒砂岩及粉砂岩为主，有效孔隙度15%，储层渗透率$59\times10^{-3}\mu m^2$，为中低孔、低渗型油藏。储层的胶结物以泥质胶结为主，泥质含量一般为5%~10%，成分以高岭石和绿泥石为主，高岭石平均含量为47%，绿泥石平均含量为33%。胶结类型以孔隙式或孔隙—基底式为主。

(二)地层压力分析

地层三压力情况见表2。

表2 地层三压力情况统计表

地质分层	孔隙压力(MPa)	坍塌压力(MPa)	漏失压力(MPa)
K	1.01～1.05	1.05～1.18	1.70～2.43
J_3q	1.03～1.08	1.10～1.20	1.63～2.37
J_2q	1.03～1.15	1.20～1.30	1.25～1.86
J_2s	0.99～1.21	0.91～1.35	1.30～1.82
J_2x	0.56～1.08	0.80～1.30	1.20～1.65

温米、丘东区块 J_2q 及以上地层为正常压力,中下部 J_2q～J_2x 地层压力差异性大,钻井液密度窗口不易确定。

(三)温米、丘东漏失机理

通过对地层物性及地层压力分析,温米、丘东区块漏失机理归纳为:

(1)温米、丘东区块处开采中后期,部分地层存在亏空,储层段砂岩承压能力低。

(2)长期注水驱油水洗效应,油层经注采流体反复冲蚀,导致孔隙间胶结物流失,孔隙度增大,连通性好,地层压力和岩层的性质均发生不同程度的变化,原静态下可寻的地层压力分布规律变成动态下难以掌握的地层压力分布状况。

(3)井筒中出现多套压力层系,安全密度窗口窄。

二、随钻堵漏技术原理及思路

(一)技术原理

随钻堵漏技术是在钻遇漏失地层时,堵漏剂随钻井液进入漏层内部,迅速形成封堵层,防止漏失进一步发生的堵漏技术,是针对孔隙性漏失地层、亏空的渗透性漏失地层、微裂缝漏失较理想的堵漏方法。

(二)技术现状分析

常规的随钻堵漏技术是在钻井液中加入801、DF-1和超微粉。801是改性天然植物高分子复合材料,不受粒径"匹配"限制,但强度较低;DF-1是具有塑性的纤维状堵漏剂,强度较低,粒度分布主要为2～280μm;超微粉强度较高,粒度分布范围较窄,主要为2～20μm,其中QCX-1中值直径4～10μm,QCX-2中值直径2～4μm。因粒度分布范围窄,强度不够等因素影响,常规随钻堵漏技术效率较低,对部分井地层裂隙封堵效果差。如无法进入地层内部导致堵漏失败或者堵漏材料进入地层深度不够,在下钻通井或钻进时破坏堵层后再次发生漏失。

(三) 技术思路

随钻堵漏技术关键是在钻井液中引入一定浓度的由尺寸合适、强度较高的颗粒状物质按合理级配形成的封堵剂,封堵颗粒随着钻井液漏失进入裂缝中,大颗粒架桥,小颗粒填充,最终形成牢固的封堵层堵死裂缝,进而阻止滤液进一步入侵裂缝深部,阻止裂缝因水力尖劈作用进一步扩大而导致恶性井漏,从而实现随钻防漏堵漏。

三、随钻堵漏浆配方优化

(一) 堵漏剂优选

针对以上分析及思路,引入了新型随钻堵漏材料——雷特随钻堵漏剂(图1)。该堵漏剂具有强度高、粒度分布科学(图2)、能随钻井液进入裂缝内部形成稳定的、强度高的封堵层,实现即堵。

图1 雷特随钻堵漏剂外观

1. 雷特随钻堵漏剂的特点

(1) 由不同种类的微粒化颗粒物质组成,进行优化粒径匹配。

(2) 承压,主要针对渗透性、非致漏性裂缝漏失,需提高地层承压的随堵作业。

(3) 随堵,主要针对微裂缝、1mm以下小裂缝地层漏失的随堵钻进。

(4) 1%～3%加量即可满足循环随钻堵漏需要,钻井液性能影响小。

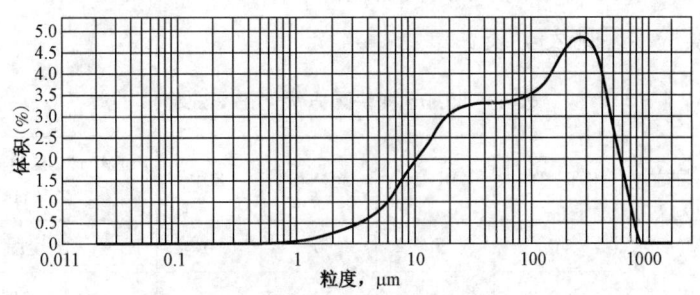

图 2　雷特随钻堵漏剂粒度分布图

2. 雷特随钻堵漏剂堵漏效果评价

以常用聚磺钻井液为基浆(5%土粉+0.2%ZNP-1+0.5%NaHPAN+0.2%LV-CMC+0.3%NaOH+1%PSC+2%沥青),分别将不同浓度的雷特随钻堵漏剂NTS-DM加入基浆中配成各种堵漏浆,注入堵漏实验装置,用不同缝宽的缝板进行堵漏实验,实验数据见表3。

表 3　雷特堵漏剂 NTS-DM 堵漏实验

样品加量	缝宽 mm	封堵效果								累计漏失量(mL)	成功与否
		0MPa压差10min漏失量(mL)	1MPa压差10min漏失量(mL)	2MPa压差10min漏失量(mL)	3MPa压差10min漏失量(mL)	4MPa压差10min漏失量(mL)	5MPa压差10min漏失量(mL)	6MPa压差10min漏失量(mL)	7MPa压差10min漏失量(mL)		
1%	1	50	350	150	150	250	0	50	50	1050	√
	2	260	全漏	—							×
2%	1	50	150	100	100	50	10	5	5	470	√
	2	220	580	全漏							×
3%	1	30	100	150	20	10	5	5		330	√
	2	100	300	全漏							×

NTS-DM 随钻堵漏剂不能封堵 2mm 缝板,能够封堵 1mm 的缝板,随着堵漏剂浓度的增加,累计漏失量减少,2% 的加量即有较好的封堵效果。

(二)随钻堵漏浆配方优化

在基浆中加入不同浓度的随钻堵漏材料,用堵漏模拟装置优化和评价堵漏浆配方。由于温米、丘东区块为孔隙漏失,选择0.5mm、1mm孔隙模块进行配方优化、对比实验,实验结果见表4、表5。

表4 0.5mm模块配方优化正交试验

序号	配方	NTS-DM	DF-1	超微粉	801	6.5MPa,105℃,30min漏失量(mL)
1	基浆+	0	0	0	0	全漏失
2		0	1%	1%	2%	215
3		0	2%	2%	1%	188
4		0	3%	3%	3%	162
5		1%	0	2%	2%	135
6		1%	1%	3%	3%	111
7		1%	2%	0	3%	128
8		1%	3%	1%	1%	112
9		2%	0	3%	3%	93
10		2%	3%	0	1%	118
11		2%	1%	3%	0%	88
12		2%	2%	1%	2%	61
13		3%	2%	1%	1%	56
14		3%	3%	2%	3%	50
15		3%	2%	1%	0	83
16		3%	0	0	2%	113

表5 1mm模块配方优化正交试验

序号	配方	NTS-DM	DF-1	超微粉	801	6.5MPa,105℃,30min漏失量(mL)
1	基浆+	0	0	0	0	全漏失
2		0	1%	1%	2%	全漏失
3		0	2%	2%	1%	全漏失
4		0	3%	3%	3%	633
5		1%	0	2%	2%	482

续表

序号	配方	NTS-DM	DF-1	超微粉	801	6.5MPa,105℃,30min漏失量(mL)
6	基浆+	1%	1%	3%	3%	420
7		1%	2%	0	3%	405
8		1%	3%	1%	1%	381
9		2%	0	2%	3%	325
10		2%	3%	0	1%	318
11		2%	1%	3%	0%	325
12		2%	2%	1%	2%	255
13		3%	1%	1%	1%	125
14		3%	3%	2%	3%	113
15		3%	2%	1%	0	152
16		3%	0	0	2%	195

常规随钻堵漏浆基本满足 0.5mm 以下孔隙的封堵,对 1mm 孔隙则效果较差。雷特随钻堵漏剂与常用堵漏剂复配后封堵效果更佳。

确定常规随钻堵漏浆配方:基浆 +2%DF-1+2%～3% 超微粉 +1%～3%801。

确定雷特随钻堵漏浆配方:基浆 +2%～3%NTS-DM+2%DF-1+1% 超微粉 +1%～2%801。

(三)配方性能评价

1. 流变性能评价

利用钻井液老化实验评价配方流变性能。评价配方:(1号)基浆 +2%DF-1+3% 超微粉 +3%801;(2号)基浆 +3% NTS-DM+2%DF-1+1% 超微粉 +2%801,流变性能评价实验结果见表6。

表6 流变性能评价实验结果

实验条件	表观黏度(mPa·s)	塑性黏度(mPa·s)	动切力(Pa)	静切力(Pa/Pa)	API滤失量(mL)
基浆	32	23	9	2/4	5.6
1号(常温)	37.5	26	11.5	2/6	3.6

续表

实验条件	表观黏度（mPa·s）	塑性黏度（mPa·s）	动切力（Pa）	静切力（Pa/Pa）	API滤失量（mL）
1号（120℃、16h）	36	25	11	2/5	4.0
1号（150℃、16h）	34.5	24	10.5	1/3	4.2
2号常温	38	26.5	11.5	2/6	3.3
2号（120℃、16h）	35	24	11	2/5	3.7
2号（150℃、16h）	34	24	10	1/4	4.0

该随钻堵漏浆配方具有良好的流变性能，堵漏剂加入前后黏切变化不大，失水降低，热滚后钻井液性能稳定。

2. 润滑性评价

用钻井液常规摩阻仪、极压润滑仪测定堵漏剂加入前后钻井液体系的滤饼黏滞系数和极压润滑系数见表7。

表7　润滑性评价实验

钻井液类型	滤饼黏滞系数	极压润滑系数
基浆	0.026	0.06
1号	0.038	0.08
2号	0.040	0.09

加入堵漏剂后钻井液润滑性能略有升高，但变化不大，满足钻井液对润滑性能的要求。

四、随钻堵漏工艺优化

（1）加强邻井注水井停注泄压，在平衡地层孔隙流体压力、确保井控安全的前提下，最大限度降低开油层钻井液密度。

（2）钻遇易漏地层前，适当提高钻井液黏切。

（3）当发生渗漏，漏速小于 2m^3/h 时，采用常规随钻堵漏浆堵漏；漏速 2～5m^3/h 时，采用雷特随钻堵漏浆堵漏，加入堵漏材料循环均匀后继续钻进。

（4）若漏速大于 5m^3/h，则将 NTS-DM 的加量增加到3%。

（5）若漏速大于 10m³/h，则配堵漏浆静止堵漏。堵漏成功后，根据配方加入随钻堵漏材料，使用随钻堵漏浆钻进。

（6）发生漏失后，首先降低排量钻进，若漏速大于 5m³/h，起出 3~5 柱至安全井段，分段循环下钻到井底观察漏失情况；若漏速仍较大，则起钻简化钻具结构，下钻后根据漏速采取相应措施。

五、现场应用及效果验证

（一）现场应用情况

应用一：丘东 70 井钻至 3333m 发生井漏（地层：J_2x；密度：1.18g/cm³；漏斗黏度 62s），漏速 25m³/h，常规堵漏浆静堵后，单阀门钻进漏速 3.5m³/h；钻至 3470m 后采用雷特随钻堵漏浆（井浆 +2%NTS-DM+2%DF-1+1%QCX-2+3%801）进行堵漏，成功封堵漏层，在后期钻进、测井、下套管过程中再未发生漏失。

应用二：吉 6H 井钻至 3470m 失返（地层：J_2x；密度：1.30g/cm³；漏斗黏度：100s），期间多次配制堵漏浆静止堵漏，井下持续渗漏，11L/s 排量漏速 2~3m³/h、16~22L/s 排量漏速 12~15m³/h。钻至 3586.46m，采用雷特随钻堵漏浆进行堵漏后，31L/s 排量漏速不到 0.8m³/h，其后在维护时持续补充雷特随钻堵漏剂，钻至 3595m 后排量达到 36L/s 再无漏失。

（二）应用效果

该技术在温米、丘东油田共应用 41 口井，达到了很好的封堵效果，大幅度降低了漏失量及井漏复杂时间，应用效果对比见表 8。

表 8 应用效果对比表

项目	应用前	应用后	对比
完成井数（口）	96	41	−55
进尺（10⁴m）	28.5	11.84	−16.66
平均钻井周期（d）	33.28	23.05	−10.23
平均井深（m）	2963.39	2843.8	−119.59
井漏复杂损失率（%）	2.53	1.74	−0.79
万米漏失量（m³/10⁴m）	374.45	224.33	−150.12

六、认识和结论

（1）雷特随钻堵漏浆配方具有封堵性能强、滤失量低、性能稳定、对钻井液流变性能影响小等优点。

（2）优化后的随钻堵漏浆堵漏效果明显，适用于易漏区块大段渗漏井段的随钻堵漏。

参考文献

［1］吕开河.钻井工程中井漏预防与堵漏技术研究与应用.中国石油大学(华东),2007.

［2］李家学,黄进军,罗平亚,等.随钻防漏堵漏技术研究.钻井液与完井液,2008（3）:25-28.

简析

这是一篇介绍新技术的技术论文,针对易漏区域开展了随钻防漏堵漏技术研究,每部分研究内容都通过图表、数据来介绍,并分别对实验结果给出了结论,使论文更具技术参考价值。

新技术一般也都是列为各单位的科研项目,在研发实验过程中,需要不断实验收集数据资料,不断总结完善,通过对研发及应用中资料的整理很容易形成一篇技术论文。论文的撰写也对新技术的推广有着十分重要的意义。本文在前言、关键字、正文、参考文献等方面符合论文书写要求。

范文六

CAD 技术在油井动态控制图中的应用

代新勇

（中油辽河油田兴隆台采油厂）

摘要：油井动态控制图是一种简单、直观反映出抽油机井工况的管理方法,应用动态控制图评价油田的生产状况和管理水平,并对其进行分析与研究后采取相应的措施,提高抽油机井的系统效率,为油田管理部门在油田调整、挖潜方面做出决策提供了依据。

随着科学技术的发展,CAD 辅助软件已经广泛应用到各领域。采用计算机 CAD 辅助软件绘制出抽油机井动态控制图,将复杂问题简单化,提高了油井动态控制图绘

制的实效性和准确性。

关键词：泵效；控制图；CAD；技术；简单化；应用

CAD凭借自身的优势，不仅能使动态控制图绘制上的烦琐问题得到解决，也能使其效率得到显著的提高。本文给出了一个用CAD来设计抽油机井宏观控制图系统的基本实现方案。通过这种方法，可以快速编制出某区块、某油田的油井动态控制图，方便有关领导和专家实时地查看、分析，提出相应的措施和建议，然后针对每一口井进行调整和管理，提高抽油机井的工作效率。本文设计实现的抽油机井动态控制图系统，可以根据油田的实际情况编制出符合自身的抽油机井动态控制图系统。

一、CAD绘制抽油机井宏观控制图的背景和必要性

目前在分析管理抽油机井系统效率时，通常对单井逐个进行分析判断，工作效率不高，人力、物力等成本增加，不符合现代化管理的要求。因此，有必要对抽油机井建立宏观动态控制图，对抽油机井系统效率进行区块统筹管理，对问题井重点分析研究，采取相应措施提高系统效率。

可以利用技术专家丰富的现场、理论经验，同时利用计算机技术来完成对油井的管理和控制，这样既可以大大提高工作效率，又可以有效地提高工作的质量。因此，根据不同油田的自身特点，应用CAD技术设计适合自身抽油机井的宏观控制图系统是非常有必要的。

二、油井动态控制图的编制原理

（一）坐标系的选择

抽油机井动态控制图如图1所示，其横坐标为泵效（%），纵坐标为流动压力与饱和压力之比。图中，a、b、c、d、e、f、g七条实线将其划分为生产状况不同的五个区域，对位于不同区域的抽油井应采取不同的管理方法和处理措施，使各个区中的井都能充分发挥其生产潜力。

（二）区域的划分

抽油机井动态控制图共分五个区域：合理区、参数偏大区、参数偏小区、断脱漏失区与待落实区。

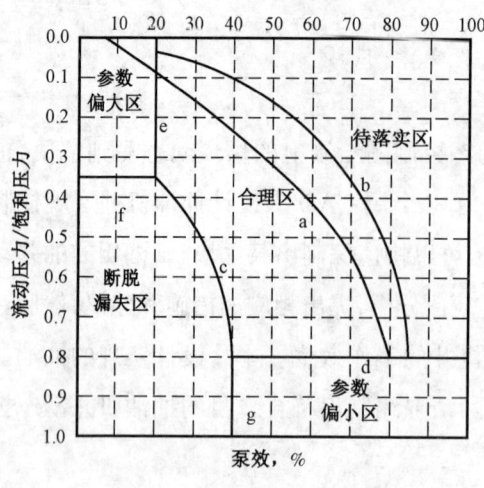

图 1 油井动态控制图

合理区、参数偏大区：在流压低、泵效也低的区域内，集聚的井点表现为供液不足或气体影响。

参数偏小区（潜力区）：流压高、泵效也高的区域。流压高表明供液能力强，当流压高到可以自喷时，油井的产能主要是由地层完成的，而抽油泵并没有发挥作用。

待落实区：在某个区域内流压很低而泵效很高，尤其是超过该油田的理论泵效时，这些资料就值得怀疑了，需要落实才能确定，把这个区域称为待落实区。

断脱漏失区：在流压很高、泵效低的区域内分布的井点，表现为抽油泵失效（断脱或漏失）。

三、应用 CAD 绘制油井动态控制图

（一）绘制坐标系

在 CAD 环境下，按 1∶1 比例绘制出动态控制图坐标系，画出 x 轴标注坐标刻度，最大值 100，最小值 0，主刻度为 10mm；画出 y 轴标注坐标刻度，最大值 1，最小值 0，主刻度为 0.1，然后打上 10×10mm 网格线。

根据油井动态控制图的编制原理，绘制泵效与流动压力／饱和压力的关系曲线 a、b、c、d、e、f、g 划分区域的界限，将控制图分成五个区域，如图 2 所示。在划分区域的界限时，要结合本油田、区块、作业区的油井情况和生产需要，合理确定。

（二）绘制表格及图示

在 CAD 环境中，绘制表格见表 1，并填入相关数据。

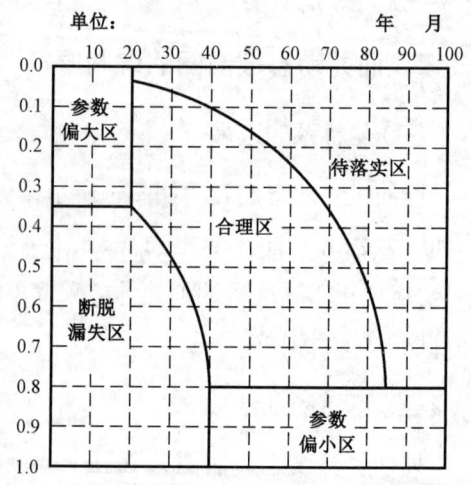

图 2 CAD 绘制油井动态控制图

表 1　CAD 绘制动态图相关数据

项目	抽油井数（口）	开井数（口）	统计井数（口）	合理区（口）	参数偏小区（口）	参数偏大区（口）	待落实区（口）	断脱漏失区（口）	正常抽油（口）	平衡井数（口）	时率（%）
井数											
%											

控制图的绘制完全依照 SY/T 5847—2012《抽油机井动态控制图编制和使用方法》执行，规定了抽油机井动态控制图编制的理论依据、区域划分和区域界限的确定、制作和使用方法。

（三）油井数据的输入

建立一个 Excel 文档，含有井号、流动压力/饱和压力、泵效等字段，如图 3 所示。

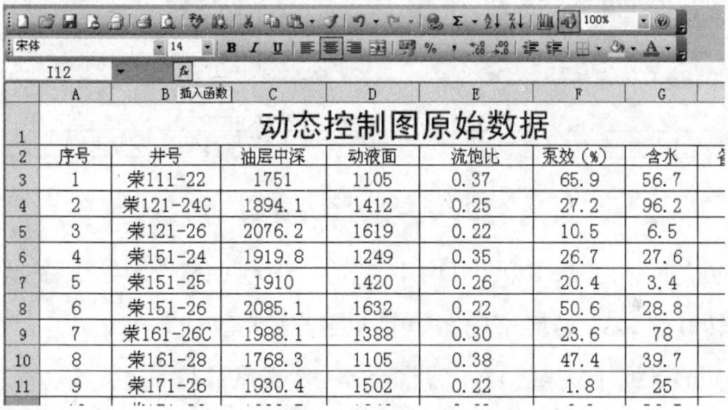

图 3　新建文档示意图

假设图 3 中 B 列为井号，C、D 列为 x 轴、y 轴坐标值，根据 x 轴、y 轴坐标值在坐标系内画点，并在坐标右上角标注井号，如图 4 所示。

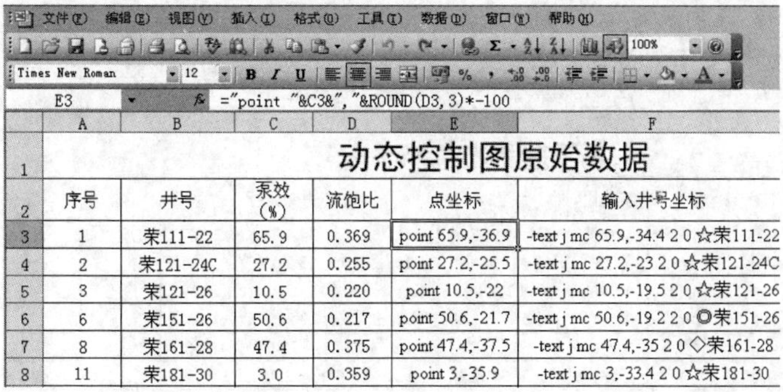

图 4　点坐标示意图

那么我们需要将 C 列和 D 列每一对数据转换成 CAD 中能识别的命令,需要插入点坐标列 E 列,并在 E3 中输入公式:="point"&C3&","&ROUND(D3,3)*-100。

point 是画点命令,C3、D3 就是坐标值。

在 CAD 中绘制出数据点后,还要对每一个点标注对应的井号,就需要将井号转换成 CAD 中能识别的命令,需要插入井号标注坐标列 F 列,并在 F3 中输入公式:="-text j mc "&C3&","&ROUND(D3,3)*-100+2.5&" "&2&" 0 "&H3&B3,如图 5 所示。

序号	井号	泵效(%)	流饱比	点坐标	输入井号坐标
1	荣111-22	65.9	0.369	point 65.9,-36.9	-text j mc 65.9,-34.4 2 0 ☆荣111-22
2	荣121-24C	27.2	0.255	point 27.2,-25.5	-text j mc 27.2,-23 2 0 ☆荣121-24C
3	荣121-26	10.5	0.220	point 10.5,-22	-text j mc 10.5,-19.5 2 0 ☆荣121-26
6	荣151-26	50.6	0.217	point 50.6,-21.7	-text j mc 50.6,-19.2 2 0 ◎荣151-26
8	荣161-28	47.4	0.375	point 47.4,-37.5	-text j mc 47.4,-35 2 0 ◇荣161-28
11	荣181-30	3.0	0.359	point 3,-35.9	-text j mc 3,-33.4 2 0 ☆荣181-30

图 5 标注井号示意图

text 是文字命令,C3、ROUND(D3,3)*-100+2.5 是确定文字坐标,2 是文字高度,0 是旋转 0 度,B3 是文字内容,可以根据需要改动。

注意:point 要打个空格,text 后打个空格,文字高度前、后各一个空格,文字选装角度后面一个空格。

对于含水,通过在井号前加不同符号的办法来区分含水,如含水 <40,用☆表示;40< 含水 <70,用◇表示;70< 含水 <90,用◎表示;含水 >90,用○表示,如图 6 所示。

号	泵效(%)	流饱比	点坐标	输入井号坐标	含水	备注
-22	65.9	0.369	point 65.9,-36.9	-text j mc 65.9,-34.4 2 0 ☆荣111-22	56.7	☆
-24C	27.2	0.255	point 27.2,-25.5	-text j mc 27.2,-23 2 0 ☆荣121-24C	96.2	☆
-26	10.5	0.220	point 10.5,-22	-text j mc 10.5,-19.5 2 0 ☆荣121-26	6.5	☆
-26	50.6	0.217	point 50.6,-21.7	-text j mc 50.6,-19.2 2 0 ◎荣151-26	28.8	◎
-28	47.4	0.375	point 47.4,-37.5	-text j mc 47.4,-35 2 0 ◇荣161-28	39.7	◇
-30	3.0	0.359	point 3,-35.9	-text j mc 3,-33.4 2 0 ☆荣181-30	80	☆

图 6 含水标注示意图

选中 E 列点坐标数据粘贴命令到 CAD 中,如图 7 所示。

选中 F 列输入井号坐标数据粘贴命令到 CAD 中,如图 8 所示。

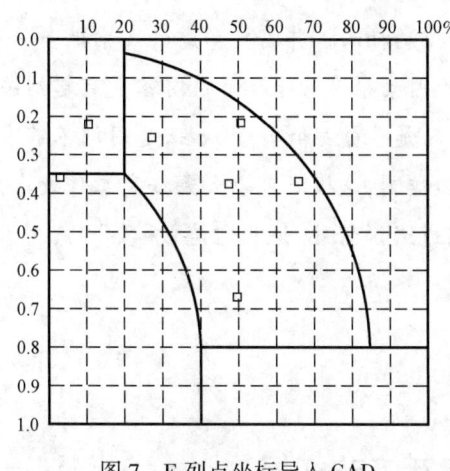
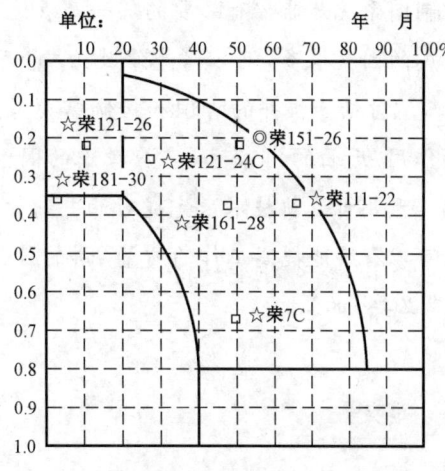

图 7　E 列点坐标导入 CAD　　　　图 8　F 列井号坐标导入 CAD

带有井号的相应井位在坐标系中自动出现,对大量油井数据处理时,一次即可生成动态控制图,方便快捷。

最后填写统计表格,一张抽油机井动态控制图即设计完成,然后打印。

四、结论

使用计算机 CAD 辅助软件来完成对抽油机井动态控制图的编制,与单靠人力来设计的方法比起来,效率高、准确性好、可靠性高、数据处理量大。这些优点能够极大地提高抽油机井的效率,使得油田的抽油机井管理更高效。

参 考 文 献

周海波.CAD 技术基础.北京:机械工业出版社,2011.

简析

这是一篇介绍 CAD 技术在油井动态控制图中应用的技术论文,全文内容翔实,从 CAD 绘制抽油机井宏观控制图的背景和必要性到油井动态控制图的编制原理,再到应用 CAD 绘制油井动态控制图,逻辑结构合理,流程清晰,方法具体,可操作性强。图表的运用,使表达的内容直观,便于理解和运用。

语言表达上还需要推敲。如"对抽油机井的管理和控制需要考虑的因素很多,可以利用技术专家丰富的现场、理论经验为基础,同时利用计算机技术来完成对油井的管理和控制,这样既可以大大提高工作效率,又可以有效地提高工作的质量。因此,根据不同油田的自身特点,应用CAD技术设计适合自己的抽油机井的宏观控制图系统是非常有必要的",一是表达不够简洁,"对抽油机井的管理和控制需要考虑的因素很多"可以考虑修改为"管理和控制抽油机井需要考虑的因素很多";二是"对抽油机井的管理和控制需要考虑的因素很多"对后面的内容没有起到统领作用,后面的内容不是"应考虑的因素",而是"方法和手段";三是用词不够准确,"利用计算机技术来完成对油井的管理和控制,这样既可以大大提高工作效率,又可以有效地提高工作的质量"讲的是作用或者说好处,说明它是"重要"的,而不是"必要"的。

范文七

复杂套损井修复新工艺初探

陈全柱　刘世英　华嘉泉

(玉门油田分公司油田作业公司)

摘要: 经过多年探索研究,玉门油田套损井修复技术有了较大提高,但进一步提高修复率难度很大,主要表现在套损通径较小的井、落物与套管错断段重合的井、严重坍塌出砂井、大段弯曲变形井、多点严重损坏的井等高难套损井的修复成功率较低。针对上述几种高难套损井的修复问题,借鉴国内油田作业经验和先进工具,可解决常规工具和传统工艺无法解决的问题。

关键词: 套损井;套损形态;修井工艺;复杂

由于老君庙油田大修井套管变形严重,井下情况复杂,部分井出砂异常严重,使修套作业效率和成功率较低,2009年以来,老君庙施工的大修井中,有近一半井由于套管严重损坏而没有修复成功。以近几年大修情况来看,修井难点主要表现在这几种套损形态,即套损通径较小的井、落物与套管错断段重合井、严重出砂井、大段弯曲变形井、多点严重损坏的井。目前,对这些套损井尚无成熟的修复措施,修复率很低。上述几类套损井修复的关键是打开套管通道,这是实施其他修井措施的基础。通过对复杂套损形态和相应修井工具的研究,使这几类难以修复的套损井得到修复,是修井工艺急需解决的问题。

一、复杂套损井修复新工艺

（一）套损通径较小的井

1. 套损形态

这类井主要以套管错断损坏为主，分为活动型错断和非活动型错断两种，在老君庙待修井中占较高比例。这些套损井通径一般小于 80mm，错断口上、下套管轴线错开 50~120mm，修复的难度很大。例如，619 井套管在 982.01m 通径为 77mm，G247 井套管在 538.44m 通径仅为 55mm。

2. 修井工艺

（1）ϕ70mm 以上非活动型错断井。

采用恒钻压探针式铣锥组合钻具进行修复，以便打出通道。该钻具主要由探针式铣锥、活动轴节、钻压控制器组成。探针式铣锥的特点是导引杆能始终引导铣锥处于错断通道内，不会造斜磨铣出套管；活动轴节是一个既能传递扭矩又能在 10° 范围内偏转的万向节，主要特点是能够解决旋转磨铣过程中，探针式铣锥与钻杆不同心而折断探针式铣锥的问题；钻压控制器相当于一个能够传递大扭矩的伸缩短节，它的有效行程为 1.8m，其特点是能够保证恒定钻压，有效避免钻压不稳的问题，延长磨铣工具使用寿命，提高磨铣成功率。

（2）ϕ70mm 以下活动型错断井。

采用偏心胀管器扩径组合钻具，施工目的在于预处理出一个小的通径。该钻具主要由偏心胀管器、顿击器等组成。偏心胀管器的下部是一个圆锥体，上部是一个圆柱体，其圆锥体的轴线与圆柱体相交，同时圆锥体的一条母线与圆柱体的一条母线重合，这样就构成了一个偏心的长锥面胀管器，特点是利于插入小通径错断口；顿击器在顿击胀管过程中，将钻杆的冲击力传递给偏心胀管器，又不至于使偏心胀管器在胀管过程中因上提钻具而脱离错断通道。

（3）ϕ70mm 以上活动型错断井。

采用恒钻压活动式导引磨鞋组合钻具。钻具由活动式导引磨鞋、钻压控制器等组成。活动式导引磨鞋是由导杆、芯轴、锥形磨鞋主体组成。该钻具的特点是只有导杆插入错断通道内，磨鞋主体才能随钻具旋转后起到磨铣作用，能有效地防止磨铣出套管。

(二) 落物与套管错断点重合井

1. 套损形态

玉门油田有许多打捞井,由于落物位置同时存在套管损坏,造成打捞或修套施工困难。如老君庙 L248 井,该井在打捞油管至 982.01m 时遇阻卡,没有下到鱼头深度,起出钻具检查发现倒扣接头有明显刮痕。后打印证实套管错断,最小通径为 102mm。

2. 修井工艺

首先磨铣处理错断口上部附近的套管,使其通径大于 120mm。然后用扩铣钻头磨铣错断口下部套管及落物长度 0.5~1m。再探错断口,如果落物已下移,则用探针式铣锥等磨铣组合钻具分步铣通套损井段。如果落物仍夹持在套损井段,则继续用扩铣钻头向下扩铣,直到铣通套损井段。用密封加固工艺加固井段。

(三) 严重出砂井

1. 套损形态

这类套损井破洞大,井内返出物(主要为地层砂、红泥块等)掩埋了套损部位,用清水循环不净,或出砂较快导致不能加单根和卡钻,修井工具无法到达变形点,这样的井很难修复。例如,G238 井打捞修套时返出大量红泥土、地层砂和小石块,且上返速度较快,循环不净,无法加单根。

2. 修井工艺

修复这类井可以借鉴以下步骤:

(1)用压井液将井压稳,防止错断口以下井内液体上返以及断口继续出砂,冲砂至错断口。

(2)将速凝水泥浆或堵剂注入错断口防砂,将坍塌的地层封固,钻磨水泥塞至错断口以下 0.5~1m,打印证实下部套管或鱼顶。

(3)用扩铣钻头向下扩铣,直到铣通套损井段,用密封加固工艺加固井段。

(四) 大段弯曲变形井

1. 套损形态

由于岩层整体位移,套管在岩层上、下界面上两点受力,产生大段弯曲变形,损坏长度基本与岩层的厚度相同。

2. 修井工艺

首先对弯曲变形段进行整形,可采用滚压整形组合钻具扩径技术。钻具由滚珠整形器、钻压控制器、滚动扶正器等组成。通过滚珠整形器的旋转、碾压对套管损坏井段整形、修直,整形级差大(5～10mm)、效率高且对水泥环伤害小。使通径达到施工要求后,用模拟加固管通井。若通不过套损井段,则用扩铣钻头铣掉偏离套管中心线的部分套管,最后用密封加固工艺将处理的井段加固。

二、结论

(1)针对以上几种难以修复的严重套管损坏井,关键技术是打开套管通道,这是采取下步修复工艺的基础。

(2)在采取修复措施之前,分析和搞清套管损坏形态是非常重要的,这是采取针对性修复措施的关键。

(3)由于套管损坏原因和状况不同,决定了修井工艺的难度,只有不断研究和探索、创新修井工艺技术,才能满足油田工程技术服务的需要。

(4)井下作业工具和作业装备也是制约修井的重要条件,配备和使用先进的作业设备和工具对于解决复杂井有很大帮助。

参 考 文 献

[1]金岩松,刘合.几种高难套损井的套损形态及修井工艺.大庆石油地质与开发,2004,23(1):46-47.

[2]聂海光,王新河.油气田井下作业修井工程.北京:石油工业出版社,2002.

简评

这是一篇实际经验分享的技术论文。

全文基本按照现场生产施工中的工艺难点和关键环节说明与分析—采取的处理措施与技巧叙述—实际应用效果综述—辅助说明的内容结构主线展开,其中,现场生产施工中的工艺难点和关键环节说明与分析以及采取的处理措施与技巧叙述,是本文的重点内容。

根据以上主线与重点,作者采取了开门见山、直奔主题的段落设计方式,一开篇就将"复杂套损井修复新工艺"作为一级标题段落,分四个层次予以详细叙述;为了体现实用性,又将"不同类型套损井的修井施工步骤"这一辅助性内容,按照二级标题段落紧放其后,从而使全文具有了重点突出、简洁明了、实用性强的特点。

本文引言的篇幅较恰当，内容叙述符合要求，通过必要的说明引出了全文的主题即复杂套损井修复新工艺，值得借鉴。

遗憾之处在于缺少现场应用实例介绍。

范文八

20万吨/年聚酯装置真空系统的故障排查及处理

迟玉春

（中国石油辽阳石化分公司聚酯厂）

摘要：简单介绍了20万吨/年PET装置真空喷射泵的工艺流程，对PET（聚对苯二甲酸乙二醇酯，Polyethylene terephthalate）装置乙二醇蒸发器和三级喷射泵组成的真空系统出现故障的原因进行了分析、排查和处理，避免了由于真空量不足造成的一次非计划停车事故。

关键词：缩聚；PET；乙二醇；真空泵；蒸发器；温差

真空系统是PET生产装置的重要组成部分，在PET生产过程中的缩聚阶段，缩聚反应生成高分子聚合物的同时也释放出许多低相对分子质量的EG（乙二醇）及其他化合物。为了确保缩聚反应顺利进行，得到品质优良的PET产品，必须把这些反应所产生的小分子物质迅速分离出反应系统。因此，缩聚反应要求在真空条件下进行，缩聚各段要求的真空度逐次提高，各段所用的真空泵也不相同，在终缩聚阶段，一般采用喷射泵来获得真空。喷射泵是通过EG蒸气的高速喷射来引射气体，达到获得真空的目的。

装置在一次扩容改造开车后，EG蒸发器和三级喷射泵真空系统出现故障，缩聚真空系统不稳定，真空度一直低于设定值，产品的黏度不达标。在工艺操作上采取了一定的措施，如提高缩聚反应的温度，提高反应釜的搅拌电流，降低反应釜的液位，以缓解真空的困难。但真空度还是得不到稳定的保证，也没有好转的迹象，导致了切片黏度低，进而产生了大量的废料和协议品料，真空的不稳定对装置的能耗、物耗以及产品品质产生极大的影响。这时找到真空度低的原因就变成重中之重，如果继续查找不出原因，装置将面临非计划停车的危险。

一、真空系统三级喷射泵的工艺

(一)工艺流程

本装置 PET 生产流程如图 1 所示。预缩聚釜及终缩聚釜共用 1 套真空系统，此系统由 1 台三级乙二醇蒸气喷射泵（以下简称喷射泵）及 2 台液环泵组成。终缩聚釜的气相蒸气经刮板冷凝器喷淋后进入第一级喷射泵，经一级冷却器→二级喷射泵→二级冷却器→三级冷却器后进入液环泵，通过调节一级喷射器入口处平衡蒸气的加入量，以保持终缩聚需要的真空度；预缩聚釜的气相经刮板冷凝器喷淋后直接进入第一级冷却器，经二级喷射泵→二级冷却器→三级喷射泵→三级冷却器后进入液环泵，控制气相管上的调节阀开度来保证预缩聚的真空度。喷射泵运行时，终缩聚釜的气相管与终缩聚釜刮板冷凝器相连，刮板冷凝器又与一级喷射段直接相连，因此缩聚釜所产生的混合蒸气直接经刮板冷凝器和气相管道被一级真空泵的高速蒸气抽走，达到真空的条件。

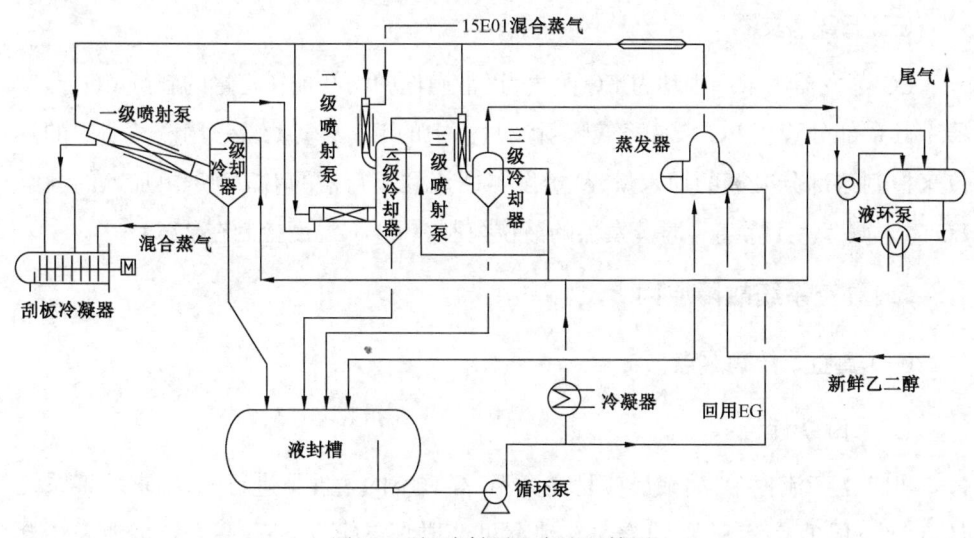

图 1 三级喷射泵生产流程简图

预缩聚Ⅱ釜与终缩聚釜大致相同，预缩聚Ⅱ釜的气相管与预缩聚Ⅱ釜的刮板冷凝器相连，刮板冷凝器与二级喷射段相连，预缩聚Ⅱ釜的混合蒸气被二级真空泵的高速蒸气抽走，建立真空条件。

(二) EG 蒸气喷射泵

乙二醇喷射泵，通常将一级喷射器设计成卧式，二级、三级喷射器设计成立式，一级、二级、三级冷却器设计成立式。喷射泵配管一般由4个系统组成：

（1）物料系统，包括终缩聚釜刮板冷凝器的气相管及预缩聚釜刮板冷凝器的气相管。

（2）乙二醇系统，包括进入喷射段的EG蒸气及进入喷淋段的EG液体。

（3）热媒系统，主要为物料管及真空喷射泵的各级喷射段提供热量，可采用液相热媒或气相热媒。

（4）喷射泵的冷凝液排出系统，也就是俗称的大气腿，每级喷射泵有各自的大气腿。

EG蒸气喷射泵用于为预缩聚Ⅱ釜和终缩聚釜产生真空。EG蒸发器为它提供喷射用的饱和EG蒸气。三级喷射泵第三级的排出压力为10kPa，液环泵作为它的最后排放级。未凝气中含有乙醛，尾气送至洗涤塔。每一级喷射之间设有混合冷凝器，喷淋EG液使工作蒸气和吸入蒸气冷凝，凝液收集在液封槽，通过循环泵和冷却器循环使用。

(三) EG 蒸发器

EG蒸发器用于产生动力EG蒸气，正常操作中需补加一定量的新鲜EG，蒸发器中其余部分液相EG来自蒸气喷射液封槽中的EG蒸气凝液。用蒸发器中的液位来控制这部分凝液的加入量，从蒸发器回流到液封槽的EG流量由加入的新鲜EG量来调节。正常生产时蒸发器的液位控制在60%、温度控制在226℃。

二、真空系统故障原因

(一) 真空系统有漏点

1. 原因分析

PET生产流程中，缩聚反应是在高温、高真空的条件下进行的，要求缩聚系统具有"绝对"真空和密封，真空系统泄漏可造成真空能力下降，高真空区泄漏还会造成外界空气中的水进入真空系统，使EG中水含量升高，一旦EG中水含量超过0.5%（质量分数），就会在高真空条件下蒸发，形成气阻，对真空造成破坏。

2. 排查及处理

检漏是试车工作中非常重要的一环，其结果的好坏，对PET熔体品质影响很大。若缩聚真空泄漏率超标，则不能开车，应反复检漏，直至符合要求。装置在试车过程中分两步做检漏工作，第一步，使用肥皂水正压检漏；第二步，利用测验精度高的氦检漏法,对真空系统存在的漏点进行全面检查,如果存在漏点,氦气通过漏点被吸入系统,继而扩散到检漏仪的质谱室中,通过显示或音响提示。由于氦检漏法具有无可比拟的精确度,可以确定缩聚真空系统是否存在漏点。

(二) EG 蒸发器的蒸发量不足

1. 原因分析

本装置的一大特点就是绝大部分 EG 在工艺塔蒸馏后循环使用,在 EG 蒸发器里使用的是回用的 EG。回用 EG 会含有少量的醚、醛和其他小分子的低聚物等杂质,导致 EG 纯度不够,蒸发量达不到要求,无法给真空喷射泵提供强劲的动力支持,真空度无法达到要求。

2. 排查及处理

将 EG 蒸发器里的回用 EG 用新鲜的 EG 进行置换,置换完之后,关闭回用 EG 的手阀,用新鲜 EG 代替回用 EG 来向蒸发器补加使用,蒸发器的温度、压力达到设定值后观察真空度没有提高迹象,即排除了 EG 纯度这个影响因素。

(三) 真空泵回用 EG 喷淋量过大

1. 原因分析

装置 EG 真空泵三级冷却器的温度和喷淋量与真空度有着直接的关系,三级冷却器的温度过低和喷淋量过大,会捕集大量的 EG 蒸气,对 EG 喷射泵产生的动力蒸气产生影响,也会影响真空条件的建立。

2. 排查及处理

通过现场控制,对三级冷却器的温度和三级冷却器的喷淋量进行了调整,具体调整见表1。

表1 喷淋温度和喷淋量的调整

设备名称	温度(调整前)(℃)	喷淋量(调整前)(kg/h)	温度(调整后)(℃)	喷淋量(调整后)(kg/h)
一级冷却器	50 ± 5	65000 ± 100	70 ± 5	40000 ± 100
二级冷却器	80 ± 5	18000 ± 100	100 ± 5	10000 ± 100
三级冷却器	90 ± 5	10000 ± 100	110 ± 5	6000 ± 100

改变了三级冷却器的温度和喷淋量之后,控制室的 DCS 真空显示没有变化,也就排除了这个影响因素。

(四) 喷射泵喷嘴堵塞

1. 原因分析

三级喷射泵在使用周期内或在开停车过程中有低聚物料堵在喷嘴处,产生了结焦,发生了喷嘴堵塞现象,使 EG 喷射泵无法喷射足够量的 EG 动力蒸气进行抽真空。

2. 排查及处理

喷射泵在一级喷射的卧室容器内,在正常生产过程中,无法开启人孔对真空泵喷嘴进行检修处理,如喷射泵发生堵塞,只有将装置进行停车处理。三级喷射系统没有本身的加热系统,只有气相热媒提供的保温伴热,技术小组决定提高 EG 蒸发器到喷射泵之间的伴热系统,利用高温的 EG 蒸气观察能否对喷嘴处的焦化料有影响。气相热媒保温温度由原来的 290℃提高到 310℃,在伴热温度提升过程中,真空有了变化,当伴热温度升到 305℃时,终缩聚釜的真空抽到了 0.17kPa,预缩聚Ⅱ釜真空抽到 1.6 kPa,都进入到了设定可控范围之内。

三、最终事故原因的确定

通过以上 4 种真空系统故障的常规排查方法逐个分析排查后,当把伴热温度降为原来的 290℃时,装置的真空又到了原来的状态,真空度不足。可以确定并不是由于喷射泵的喷嘴堵塞造成的真空故障,而是 EG 蒸发器到喷射泵喷嘴之间的蒸气管线保温效果不好,伴热温度不够,EG 蒸气在管道流通过程中由于温差过大发生了冷凝现象(开车是在 12 月份),导致 EG 蒸气量不足,到喷嘴时已达不到足够的喷射量来形成真空,直接导致装置缩聚系统的真空度不足。把蒸气管线的伴热温度提高到 305℃,缩聚系统的真空度又进入到了可控的设定范围之内。

四、结语

辽阳石化公司 20 万吨/年 PET 装置是中纺院针对中国南方地区设计的,中国北方和南方温度相差较大,北方企业在引进该套装置后往往忽视由于温差原因对生产参数造成的影响。因此,加厚装置的保温系统和适当提高伴热系统的温度,是防止物料、蒸气及液体在管道流通过程中由于温差的原因导致状态发生变化,致使装置生产不平稳和消除不必要影响的主要手段。

参考文献

李莉. 乙二醇蒸气喷射泵应用的设计要点. 聚酯工业, 2003, 16 (6): 44.

这是一篇关于现场疑难问题分析与解决的技术论文。文章正文主体结构按照提出问题、分析问题和解决问题的递进结构进行编排，结构清晰合理，符合人们的认知规律，既能引发读者的阅读兴趣，又便于读者阅读理解，是技术论文写作比较经典的结构。

语言基本规范，表意清楚，段落层次安排合理，图表的运用使内容表达更加清晰。

本文需要改进的地方包括以下三项：

一是论文的标题需要修改。按照技术论文写作规范，还有一些内容在撰写上需要推敲和修改。标题中使用了"万吨/年"，技术论文中对涉及法定计量单位的书写规范是采用计量符号，即修改为 10^4t/a；标题中"聚酯"泛指一大类物质，其实本论文中仅论述的是"PET"，可修改为"PET"；标题中使用的"与"字虽然可用于书面和标题用语，但是在标题中更想表达的是由此及彼的意思，将"与"修改为"及"更恰当。

二是文章用词，尤其是术语需要规范和明确，顺序要得当。如"一旦EG中水含量超过0.5%，就会在高真空条件下蒸发，形成气阻，对真空造成破坏"，严格意义上，含量包括质量分数、体积分数等，因此一定要明确，以免引起歧义，可将"含量"根据文中正确表达意义修改为"质量分数"；"（四）1. 原因分析"，"原因"本身即是要作分析，此处"分析"可以删去；"（一）2. 处理与排查"，需要先排查，然后提出处理方案，改为"排查及处理"；摘要中所述的"真空喷射泵"，从后文中可以看出是指"三级真空喷射泵"，为确切表达主体对象，将其修改为"三级真空喷射泵"，而"处理"是文中论述的主要工作；文中选取的关键词不太恰当，可修改为"PET；真空系统；故障处理"；"技术小组"等不应在技术论文中出现。

三是署名、图表标识、参考文献等要严格遵守格式规范。

范文九

抽油机井口密封盒跑油的原因分析及治理措施

刘洪俊

（大庆油田有限责任公司第八采油厂第二油矿）

摘要：针对目前抽油机井口密封盒密封失效，造成井口跑油的各种原因，进行了细致的分析和判断，并就出现的不同原因找出了不同的治理对策。在现场实际应用上，由于对症下药，效果明显。在治理抽油机井口跑油问题上，可按照本文的分析及对策进行解决，会收到明显的效果。

关键词：密封盒；跑油；原因分析；治理措施

井口跑油一直是困扰抽油机生产管理的一大难题。抽油机井口跑油，一是影响油井的管理水平，增加工人的劳动强度；二是造成材料损耗、降低油井时率；三是会造成较大的环境污染。因此，分析抽油机井口跑油原因，及时实施治理措施，是油田每位员工义不容辞的责任和义务，对于提高采油地面管理水平、治理环境污染，都具有十分重要的意义。

一、井口密封盒的结构及密封机理

（一）井口密封盒的结构

目前我厂抽油机井密封盒主要是手动调整式密封盒，其结构部件是由调整手柄、上螺纹压盖、外壳、密封压板、密封托板和密封橡胶组成。

（二）密封机理

抽油机井口密封是通过密封盒装置挤压密封橡胶，使密封橡胶发生一定形变与光杆完成密封的。密封效果的好坏直接取决于密封橡胶的磨损情况，如何在密封状态下最大限度地减小密封橡胶在光杆上下运行中的磨损，是抽油机井口密封的关键。

二、井口跑油原因分析

造成抽油机井口密封失效发生跑油的因素有很多，经过对现场多口跑油井进行解剖分析，发现造成密封失效发生跑油的原因主要有以下几个方面。

(一) 光杆不光滑

1. 光杆发生腐蚀

由于油井含水矿化度很高,具有很强的腐蚀性,特别是一些添加剂,如聚合物、防膨剂等对金属的腐蚀性更高。光杆使用时间长了,会在表面出现很多不规则凹坑,随着光杆的腐蚀加剧,光杆表面已不再光滑,粗糙的光杆对密封盒磨损严重,这时的井口密封盒易发生跑油。

2. 光杆有毛刺

抽油机有很多维修需要在光杆上打卡子卸负荷,如更换三轴、毛辫子、卸驴头等,特别是牙卡子会对光杆咬出很多毛刺。再者是新光杆在运输或安装的过程中,受到撞击损伤产生毛刺。这些毛刺如果在光杆上没有消除,会对密封橡胶产生严重的损伤,在很短的时间就会使密封盒密封失效发生跑油。

(二) 光杆弯曲或粗细不均

光杆卸负荷或作业时,由于未对光杆采取保护措施,易发生驴头压弯光杆的情况,弯曲的光杆在抽油机启抽时,对密封盒损坏严重;再者是抽油机光杆随着使用时间的延长,光杆发生磨损会出现粗细不均,这样密封盒的密封性会变差,发生井口跑油。

(三) 光杆与密封盒不对中

光杆与密封盒不对中是指光杆的轴线与密封盒轴线不重合,不对中对密封橡胶的损坏十分严重,如果不对中严重,密封橡胶会很快磨坏而失去密封发生井口跑油。

造成光杆与密封盒不对中主要有以下几种情形。

1. 装机或维修时调整不到位

装机时基础位置超出调节范围,使得驴头垂直切线不能与密封盒中心轴线重合,造成安装光杆后与密封盒不对中。再者是原本对中的抽油机,在更换中轴维修作业时中轴位置安装不当,使得驴头或前或后,造成光杆与密封盒不对中。

2. 入冬或开春季节井口移位

由于我们所处北方寒冷地带,在入冬或开春季节地表土层冰冻、融化变化较大,特别是井口采油树附近土质不均匀时,极易使井口采油树位置发生偏移,造成光杆与密封盒不对中。

3. 井口流程改造未加支墩

现在,每年采油矿都组织更换很多井口流程和组合阀。这些井口流程改造时都没有埋加支墩保护,很容易发生井口向重心侧偏斜,造成光杆与密封盒不对中。

4. 更换井管线时未加张力弯

同样,目前采油矿组织更换的多数油井掺水、回油管线大都没有加装张力弯装置。特别是夏季管线停掺管线温度低,冬季管线掺水温度高,管线发生热胀冷缩明显,地面管线很容易将采油树拉偏,造成光杆与密封盒不对中。

(四) 密封盒不符合要求

密封橡胶切口角度不合适,方向切反;上、下密封盒的切口未错开;在加装密封盒时没考虑润滑等要求。

再者是密封盒过紧,光杆与密封盒摩擦会过热,易造成密封橡胶老化,加快密封盒磨损而使密封盒密封失效;密封盒过松,密封盒密封差。

(五) 井回压高或不出油

地面管线结蜡或采取措施后产量增加较大,这时油井回压会比以往升高很多,油井对井口密封盒的密封要求也会大大提高。如果井口密封盒不能满足要求,井口就会发生跑油。

当抽油机井出现井下抽油杆断脱或深井泵严重漏失时,油井不再产液。这时运行的光杆只与井口来的掺水接触,光杆与密封盒失去原油对其的润滑,磨损会比正常时加剧,此时易发生井口跑油。

三、治理措施

对井口易跑油难管理的井,要认真检查,分析排查造成井口跑油的各种原因,找出病因,对症下药。

(一) 对光杆不光滑造成井口跑油的治理

腐蚀粗糙、有毛刺的光杆,应在停机的状况下,用棉纱逐段检查,用锉刀、细砂纸打磨光杆;对腐蚀严重、粗细不均、弯曲变形的光杆应及时更换。

(二) 对光杆与密封盒不对中造成井口跑油的治理

如果不对中的程度不很严重,可通过游梁中轴的位置来调整,或配合旋转封井器、球头的适当角度来解决。

如果通过上面办法仍不能达到对中,应利用打地锚拉线来辅助使井口与光杆达到对中。随着季节性变化出现井口不对中的井,多数是井口流程改造时未加支墩或更换井管线时未加张力弯。最根本的解决办法是加装井口支墩或张力弯。

(三) 对密封盒不符合要求造成井口跑油的治理

加密封盒时一定要符合技术要领。密封盒合适的松紧度应是在光杆运行时不发热,上行时带少许油花。密封盒上盖松开2圈不漏气,松开3圈不漏油即松紧合适。

(四) 对回压高或不出油造成井口跑油的治理

如果是油稠井或结蜡严重的井,要定期用热洗水冲洗地面管线,以此来降低井的回压;对回压高的井,现场有很多工人摸索出一个好办法,即向密封盒内加装废旧抽油机皮带。将一段修剪合适废旧皮带加入密封盒压紧,它的密封性远比普通的橡胶密封圈强很多,效果明显。

四、治理效果及认识

(1)治理井口跑油,要上升到环境保护的高度来加强管理,提高干部、工人责任心。

(2)将井口跑油的原因分析和治理措施纳入员工的技能培训,提高管井工人的技能。

(3)对跑油井要认真分析,找准原因,对症下药。决不能对易跑油井失去信心,相信一定会找到解决办法的。

(4)厂、矿要加大改造投入,从根本上解决影响井口跑油的主要因素。

(5)开展治理井口跑油方面的技术革新,为提高井口密封性提供技术支持。

简析

这是一篇关于现场疑难问题分析及处理的技术论文。

引言的篇幅适中,内容和措辞较为规范,通过对生产实际中抽油机井口跑油的危害说明,引出了本文的主题以及研究的现实意义,同时对研究的任务与方法也做了简要交代,对后续内容的叙述产生了自然过渡的效果。

正文在内容结构上以现场疑难问题综述与原因分析—应对与处理措施展示—应用效果—辅助说明为主线展开。层次清晰,重点明确。本文对原因分析与应对及处理措施这一重点内容设立了两个一级标题段落,即井口密封盒跑油原因分析、治理措施;对井口跑油原因分析又从五个层面加以叙述,对治理措施又设立了四个二级标题段落予以展示,这样就使重点内容得到了全面详细的描述。

为了体现针对性,作者又将井口密封盒的结构及密封机理这一辅助内容作为一级标题段落放在文章开头,而将现场应用放在结尾,从而使全文具有了重点突出、结构完整、说服力强的特点。

在语言的简洁上还需下工夫,如"因此分析抽油机井口跑油原因,对症及时实施治理措施,是油田每位员工义不容辞的责任和义务,这对于提高采油地面管理水平、治理环境污染,都具有十分重要的意义"中,"是油田每位员工义不容辞的责任和义务,这"可以考虑删除。

范文十

BH-NAT 钻井液在苏 20-17-16H 井的应用

王 信[1]　张民立[1]　王伟忠[1]　张晓娟[1]　李新房[2]　王孟华[1]

(1. 渤海钻探泥浆技术服务公司,天津滨海新区;2. 渤海石油职业学院,河北任丘)

摘要: 本文介绍了 BH-NAT 钻井液体系的特点和应用情况,通过 BH-NAT 钻井液体系首次在苏里格气田苏 20-17-16H 井的成功应用,解决了二开定向井段易发生严重漏失以及水平段钻遇大段泥岩易垮塌问题,钻进过程实现钻井液零排放,一级净化设备使用效果良好,满足了实施高端井节能减排、安全环保型施工的需要,实现水平井安全施工和油气层保护双突破。施工井二开采用复合井眼,使用 $\phi241.3mm$ 钻头钻至井深 3461m,从 3461~3721m 中完使用 $\phi215.9mm$ 钻头;三开后在水平段钻遇 311m 泥岩井段,钻至 4106m 决定从 3727m 处地质侧钻,最大井斜角 93.25°,侧钻至井深 4466m 顺利完钻,保证了渤海钻探工程院首次应用自主研发的水平井裸眼分段压裂工具在该井获得成功。

关键词: 天然高分子钻井液;水平井;苏里格气田;封堵防漏;井壁稳定

苏 20-17-16H 井是渤海钻探油气合作开发公司部署在长庆苏 20 区块的一口开发水平井,为该区块 2010 年第一口水平井,属二级风险井,由渤海钻探第三钻井工程公司承钻。该井设计井深 4702m(垂深 3453.5m),水平段 981m;水平位移 1400.4m;剖面类型为三开五段制,地质侧钻完钻井深 4466m,电测一次成功率 100%,下套管固井顺利。渤海钻探泥浆技术服务公司采用 BH-NAT 防塌钻井液提供该井钻井液技术服务,新型钻井液体系具有强抑制、强封堵的特性,所用处理剂品种少,钻井液滤失量低、流变性能好,润滑性和携砂能力强,在防止井漏,保护储层,特别是井壁稳定方面与其他钻井液体系对比优势突出。

一、地质、工程概况

(一) 地质概况

苏 20-17-16H 井位于内蒙古鄂尔多斯市鄂托克旗南部已钻井苏 20-16-15 井东南。构造位置为鄂尔多斯盆地伊陕斜坡苏 20 区块苏 20-16-15 井东南 0.5km,钻探目的是开发下石盒子组含气地层,开发层位盒 8 上 2 小层含气地层。

邻井苏 20-16-15 井二开钻至刘家沟组发生严重漏失,漏失钻井液 3150m^3;苏 14-13-39H 井三开水平段钻遇 110m 泥岩发生井壁坍塌,导致填井侧钻。

(二) 工程概况

苏 20-17-16H 井一开采用 ϕ374.6mm 钻头钻进至 509m,ϕ273.05mm 套管下至 508.39m;二开先采用 ϕ241.3mm 钻头钻进至 3461m,ϕ215.9mm 钻头钻进至井深 3721m 中完,二开直井段使用一只 MD9535ZC 钻头,钻进井段 509~3015m,单只钻头进尺 2506m,纯钻时间 195h,平均机械钻速 12.82m/h,中完下入 ϕ177.8mm 技术套管,下深 3717.2m,固井水泥返至 2560m;三开采用 ϕ152.4mm 钻头钻进至 4106m,因水平段钻遇 311m 泥岩,打水泥塞填眼至 3725m,自井深 3717.2m 至 3813m 地质填眼侧钻再次钻遇泥岩井段,至井深 4082m,共钻遇泥岩井段 183m,钻至井深 4466m 完钻,水平段 745m,完钻最大井斜角 93.25°,各项技术指标合格。设计井身结构为 ϕ374.6mm×501m+ϕ273.05mm×500m+ϕ241.3mm×3637m+ϕ177.8mm×3634m+ϕ152.4mm×4702m,实际井身结构为 ϕ374.6mm×509m+ϕ273.05mm×508.39m+(ϕ241.3mm×3461m/ϕ215.9mm×3721m)+ϕ152.4mm×4466m,如图 1 所示。

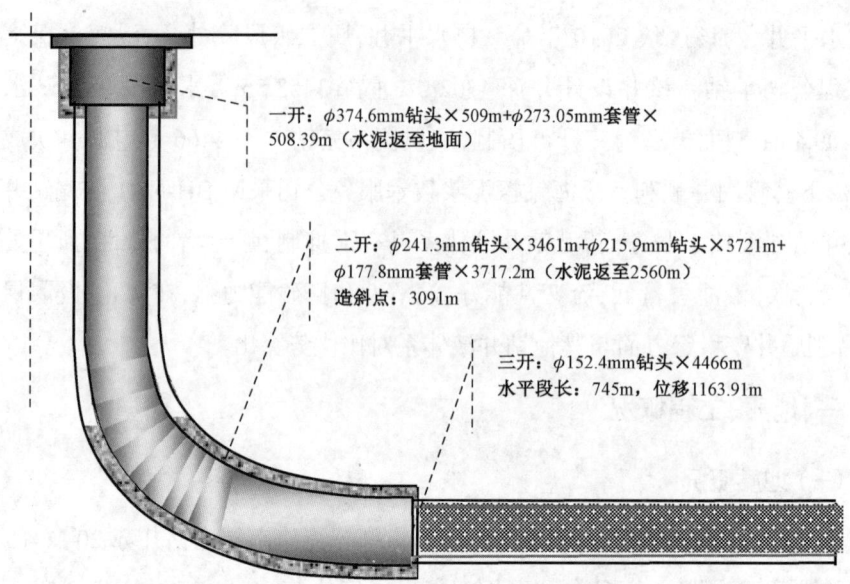

图 1 苏 20-17-16H 井井身结构示意图

二、BH-NAT 钻井液体系组成、特点及优选评价

(一)体系组成

BH-NAT 钻井液由高分子包被剂、降滤失剂、抑制性防塌剂、润滑剂组成。

通过室内优选评价,确定水平井钻井液完井液基本配方:预水化膨润土浆 + 0.1%BZ-BYJ-Ⅱ +1%～1.5%BZ-YFT+0.2%～0.4%MMH+0.5%BZ-Redu-Ⅱ +1%～2%BZ-YRH。

(二)体系特点

(1)环保型钻井液。

(2)有利于油气层保护。

(3)处理剂选用品种少,实现精准高效,有效解决了滤失、润滑、坍塌等问题。

(4)钻井综合成本低。

(三)体系评价

应用于现场之前,室内取完钻井钻屑和岩心做体系的抑制性和油气层保护以及润滑性评价试验。取现场钻屑做回收率试验评价,140℃热滚 16h 后回收率为 91.3%;取不同区块的储层岩心做油气层保护性能评价,岩心渗透率恢复值评价分别达93.68%和91.61%；勘探开发研究院廊坊分院完井所对BH-NAT钻井液进行了钻井液静态损害评价,实验结果为95.78%。室内采用体系在不加入润滑剂和按同样加量加入润滑剂方法做对比试验,BH-NAT钻井液在不同对比方式下,润滑性均优于其他常规水基钻井液体系。为确保在不同区块施工井顺利,做体系抗污染性评价,主要测试140℃/16h老化前、后的流变性及滤失量。钻井液加入35%NaCl和1%CaSO$_4$,140℃热滚16h后测污染后性能,体系抗盐、膏污染能力较强;加入5%膨润土,140℃热滚16h后性能稳定。实验表明:体系抗污染能力比较强,能够满足现场钻井施工要求。

三、BH-NAT钻井液体系现场应用情况

BH-NAT钻井液体系经过研发中心室内进一步优选评价后,在大港油区(板19-29井)和长庆苏里格水平井得到成功应用。

(一) 一开钻井液应用概述

一开使用ϕ374.6mm SKG515钻头钻进,采用膨润土钻井液,钻井液性能:密度1.05～1.09g/cm^3、黏度50s,完钻井深509m,机械钻速22.79m/h,表层套管下深508.39m,下套管、固井施工顺利。

(二) BH-NAT钻井液应用情况

1. 钻井液配制

二开后钻井液走地面大循环,钻进过程合理控制天然高分子处理剂的加量,保持钻井液性能相对稳定,待钻井液上罐后彻底转化BH-NAT钻井液,通过混合漏斗依次加入BZ-YFT、BZ-BYJ-Ⅱ、BZ-Redu-Ⅱ和BZ-YRH,保证地面循环罐搅拌器运转良好,配制过程简单,配制完成及时检测钻井液各项性能,满足特殊施工要求。

2. BH-NAT钻井液维护

(1) BH-NAT处理剂水溶性良好,可以按配方一次性加足各种处理剂,振动筛按设计更换120目筛布,保证一级净化效果,钻井液顺利通过振动筛、清洁器,振动筛在满足净化需求的前提下无须全部开启,实现净化设备倒换使用和保养维修。

(2) 正常钻进期间,钻井液的日常维护主要以及时补充提前配好的处理剂胶液为主,其他按照区块钻井液维护要点实施维护。

（3）钻进过程特别是定向井段及时检测钻井液含砂量和固相含量,保证四级净化设备的连续有效使用。

（4）定向过程控制钻井液的有效黏度,通过加入MMH进一步提高钻井液携砂性能,控制钻井液摩阻系数在0.06~0.07,保证了定向施工顺利。

（5）在确保井壁稳定的前提,钻井液密度控制在下限,满足保护油气层需求。根据钻速和钻井液消耗补充相应处理剂,降低钻井液滤失量,保持钻井液性能良好,防止事故复杂情况发生,提高钻井和完井速度,缩短油气层浸泡时间。

（6）下技术套管前通井时,开启净化设备,充分循环钻井液,调整钻井液流型,提前配制润滑封闭液,起钻前封闭定向以下井段,保证套管和完井管串的下入安全。

（7）技术套管下入后,及时调整钻井液黏度,确保固井施工顺利。

（三）三开水平段钻井液应用情况

三开钻进至井深4106m,因气层钻遇率仅12.7%,地质通知填井侧钻,井深4086m定向井仪器测斜数据为井斜89.09°,垂深3451.68m,水平段385m,水平位移784.29m。自井深3729m侧钻,修水泥面过程及时处理受污染钻井液,使钻井液性能尽快满足侧钻要求,顺利钻至井深4466m（垂深3452.2m）完钻,水平段745m,位移1163.91m,见表1。钻杆输送测井后,首次下入渤海钻探自主研发的完井管串,完井施工顺利。

表1 不同井段钻井液基本性能

井段 (m)	常规性能					流变参数				活性黏土含量 (g/L)	高温高压滤失量 (mL)
	密度 (g/cm^3)	漏斗黏度 (s)	滤失量 (mL)	pH	滤饼的摩擦系数	静切力		塑性黏度 (mPa·s)	动切力 (Pa)		
						(Pa)	(Pa)				
0~509	1.05~1.08	30~35		8.0							
509~2990	1.06	30~35	8~15	8.0~8.5	0.10	1.0~5.0	3.0~10.0	6~10	3~6	30~40	
2990~3721m	1.10~1.14	45~70	4.0~5.0	8.0~9.5	0.06~0.08	1.5~5.0	3.5~10.0	14~22	8~12	40~50	15 (100℃)

续表

井段 （m）	常规性能					流变参数			活性黏土含量 （g/L）	高温高压滤失量 （mL）
	密度 （g/cm³）	漏斗黏度 （s）	滤失量 （mL）	pH	滤饼的摩擦系数	静切力		塑性黏度 （mPa·s）	动切力 （Pa）		
						（Pa）	（Pa）				
3721～4106 （地质侧钻前）	1.14～1.16	55～75	5.0～6.0	8.5～9.0	0.06～0.08	3.5～6.0	6.5～12	20～28	8～14	40～45	12 （120℃）
3729～4466 （地质侧钻后）	1.13～1.16	60～75	4.0～5.0	9.0～9.5	0.05～0.07	3.5～5.0	7.5～11	24～31	12～14.5	40～45	12 （120℃）

（四）应用中存在的问题

（1）由于储层埋深发生变化，与地质设计不符，地质四次调整入窗垂深，着陆前井眼轨迹难以控制，增加了固体减摩剂和液体润滑剂加量，超出应用范围，对完整应用体系有所影响。BH-NAT钻井液润滑、封堵性能优良，而应用体系优选的材料采用常规定向井技术措施解决滑动钻进过程托压问题缺乏针对性且不经济。

（2）通过现场对比得到结论，本区块二开所钻地层研磨性强，可钻性差，使用ϕ241.3mmPDC钻头，不利于提高机械钻速，特别是定向井段尤为突出，因钻井进尺缓慢，起下钻频繁，使得该井段钻井液投入成本相应增加。3091～3461m使用ϕ241.3mm钻头进尺370m，机械钻速1.25m/h，从井深3461～3721m开始使用ϕ215.9mmPDC钻头，平均机械钻速3.65m/h，钻速明显提高。

（3）低剪切速率下钻井液的有效黏度需进一步优化。

四、效果评价

实施效果是评价一种钻井液、完井液能否适于水平井施工的唯一标准。针对不同井段选用了与地层特性相适应的钻井液体系，通过优选配方，细化施工技术措施，首次在苏20-17-16H井设计应用BH-NAT钻井液，应用体系满足了地区地层特性，实现了井壁稳定、井眼净化、润滑防卡和钻井液成本应用合理等目标，应用井施工顺利，突出体现在以下几个方面。

(一)井壁稳定

施工井三开钻遇大段泥岩,地质侧钻前在水平段钻遇泥岩301m,钻砂岩仅84m,砂岩钻遇率21.82%,受坍塌周期影响,容易发生坍塌。使用BH-NAT的完钻井,通过体系中BZ-YFT与大分子聚合物包被封堵协同作用,确保钻井液的强封堵、强抑制性,较好地控制了泥岩的坍塌,施工中没有发生漏失以及掉块和缩径现象。由于多方面原因使得应用井钻井周期较长,泥岩段连续浸泡440h,井眼稳定,完钻井测井井径规则(平均237.9mm),邻井苏14-13-39H井在水平段钻遇110m泥岩发生井壁坍塌而导致填井侧钻。

(二)抗污染与封堵效果好

体系具备一定的抗污染能力,施工井侧钻前钻水泥塞259m,钻井液性能相对稳定,满足了地质侧钻对钻井液性能需求;邻井苏20-16-15井二开刘家沟组发生严重漏失,漏失钻井液3150m^3,应用BH-NAT钻井液的完钻井没有出现漏失问题。

(三)润滑性与携砂及悬浮钻屑能力强

通过加入BZ-YRH增加了钻井液的润滑性,定向钻进过程无托压现象,三开地质侧钻开始即在水平井段前部急扭方位,在360m的井段内调整滑动定向25次,其中上调井斜15次,下扣井斜10次,右摆22次,左摆2次,多次起下钻畅通无阻,起钻附加拉力40~50kN,开泵顺利,完井电测顺利。由于当地气候变化和地面设备等原因,施工井二开快速钻进井段、三开水平段钻进过程均出现地面设备完全停止运行,钻具在井底处于静止状态,待设备启动后,开泵、活动钻具正常,未发生井下复杂事故,完井首次应用渤海钻探工程技术研究院自主研发的水平井裸眼分段压裂工具在该井获得成功。

通过苏20-17-16H井完井时与邻井同井型不同体系使用成本情况对比分析,BH-NAT体系成本应用合理,满足了高端井施工,通过钻井综合成本分析,作为今后应用双保型体系的完钻井,综合效益显著,钻井液现场应用情况得到甲方与驻井监督和工程院及钻井和定向井等施工方高度评价。

五、结论与认识

(1)BH-NAT双保钻井液有利于环境和储层保护,体系封堵性良好,应用井全井段漏失量、人为排放量均为零,可以满足敏感储层和环保要求严格的高端井施工。

（2）BH-NAT钻井液完井液配方简单，维护方便，选用处理剂品种少，有利于配方优选，体系抑制、防塌性较强，应用过程无须使用磺化类及分散性处理剂，可控成本潜力大。

（3）BH-NAT钻井液抗污染能力较好，使用过程无气泡，不黏糊振动筛，不存在跑浆问题，净化设备的使用情况优于同区块其他钻井液体系，实现钻井液良好的一级净化。

（4）BH-NAT钻井液体系无荧光，携砂及润滑性良好，钻进过程返出岩屑代表性好，砂泥岩分辨率高，有利于测录井现场施工。

（5）对于该区块施工的水平井，二开即采用ϕ215.9mm钻头，可以明显提高机械钻速，降低钻井综合成本，以实现投入产出综合效益最大化。

参 考 文 献

[1] 徐同台，洪培云，潘世奎. 水平井钻井液与完井液. 北京：石油工业出版社.1999.

[2] 邱正松，韩祝国，等.KCl/聚合醇协同防塌作用机理研究. 钻井液与完井液,2006,23（2）：1-3.

[3] 刘彦妹，左凤江，等. 聚合醇与有机盐的协同效应. 钻井液与完井液,2010,27（2）：32-33.

简评

这是一篇技术推广与应用的技术论文。全文通过详尽的数据、图表来论述BH-NAT钻井液在苏20-17-16H井的应用情况。钻井相关专业是围绕钻井施工的专业技术服务，所从事的一些工作专业化、技术化明显，这些相关专业人员在进行技术服务时，服务的成败与技术水平有很大的关系，而这些技术服务提炼后就是写论文的好题材。

从标题上来看，这是某种钻井液体系在某口井的应用，可能看标题让人感觉参考学习的局限性，但也正是这种针对一口井全过程应用的介绍，使人对该钻井体系更想了解其防塌、防卡、防漏等特点。写类似论文需要作者亲历施工全过程，通过过程记录总结，最后再结合日报、井史等资料来进行整理，对自己工作是总结，方便以后相关工作的提高，对其他人来说也是十分具有参考价值的资料。全文内容详尽，在摘要和关键词提炼上也值得借鉴，关键词使用的五个词组涵盖钻井液体系类型、井型、地区及两个主要特点，方便检索查找。

范文十一

气田聚结式分离器运行效果评价

摘要：分离器是目前气田集输工艺中处理天然气中液体和固体杂质的主要设备。目前靖边气田主要应用的是双筒卧式重力分离器，近年又引入了聚结式分离器，其原理是重力分离、吸附分离、离心分离的综合应用，可以进一步提高气液分离效率，对雾状液滴有较强的聚结能力，有效分离天然气中包含的杂质和水分，减少高矿化度游离水进入脱水橇的现象，从根本上解决脱水橇三甘醇循环系统易被析出的矿化物堵塞问题。本文通过对聚结式分离器在集气站的使用情况进行分析，通过对更换前后脱水橇运行效果分析对比，对该分离器的使用效果进行评价。

关键词：吸附分离；离心分离；矿化物

某1站脱水橇近几年运行效果较差，存在过滤器滤芯频繁更换，脱水橇结晶盐堵塞，三甘醇污染等问题。其主要原因是该脱水橇对其他上游3座集气站生产的天然气进行脱水，而某1站产水量较高，气井产水矿化度较高，产水量逐年增加，加之上游站有两口气井产高矿化度地层水。根据运行情况分析，采用的双筒卧式两相分离器分离效果不能确保脱水橇的正常运行。针对上述问题，对某1站新增聚结式分离器，在聚结式分离器运行近一年的时间中，本站脱水橇运行正常，外输天然气露点合格，起到了良好的分离效果，基本解决了脱水橇运行中存在的结晶盐堵塞问题。

一、分离器的结构和工作原理

（一）聚结式分离器的工作原理

聚结式分离器主要是由数根聚结滤芯组合在一个壳体内构成的，其聚结过程主要靠聚结滤芯来实现。经过预处理的天然气首先进入聚结式分离器的下层集液空间，由于体积膨胀，会有部分液体析出，这部分液体进入下层集液区；含液气体向上进入聚结分离区，经过聚结滤芯时，细小的液滴聚结成较大液滴，聚结成的液滴越来越大，并逐渐移向分离区。经过聚结过程的大液滴一旦形成，由于重力的作用顺着滤芯外面的保护层向下流向集液区，干燥、洁净的气体经出口排出。由于在筒体中留出了一定的空间，可以控制气体的出口流速，防止夹带聚结出来的液滴。

(二)气田常用重力式分离器的工作原理

当气液混合的天然气进入分离器后,在导向板的作用下改变流向,在惯性力的作用下,大直径的液滴被分离下来,夹带较小直径液滴的气流继续向下运动。由于分离器直径比进口管直径大得多,气流速度下降,在重力作用下较小直径的液滴被分离下来。气流通过整流板,紊乱的气流变成直流,使更小的液滴与整流板壁接触,聚积成大的液滴而沉降,最后雾状液滴在捕集器中被捕集下来。

二、聚结式分离器数据分析

增加聚结式分离器之后,脱水橇的运行状况有了明显好转,天然气气质得到了一定的改善,通过以下几方面来说明聚结式分离器的运行效果。

(一)增加分离器前、后外输天然气水露点对比

增加分离器前、后外输天然气水露点对比见表1。

表1 外输天然气水露点数据表 单位:℃

年份	7月	8月	9月	10月	11月	12月
2013年	2	3	5	-3	橇停运	-6
2014年	-9	橇停运	-12	-12	-1	-14

由表1可以看出,2013年7月至12月外输天然气水露点平均为0.2℃,2014年7月至12月外输天然气水露点平均为-9.6℃,2014年平均值比2013年明显下降,反映出外输气质得到改善,侧面反映出脱水橇和分离器脱水效果明显变好。

(二)增加分离器前、后脱水橇运行情况对比

1. 三甘醇消耗量情况对比

三甘醇集气站检修时统一更换,所以在日常中只有补加量,2014年11—12月与2013年同期三甘醇消耗量数据见表2。

表2 三甘醇消耗量数据表

补加时间	2013年		2014年	
	三甘醇消耗量(L)	处理气量($10^4 m^3$)	三甘醇消耗量(L)	处理气量($10^4 m^3$)
11月	880	629.8515		
12月	880	629.8515		
消耗量(L/$10^4 m^3$)	0.7157		0	

由表 2 可以看出,2014 年 11—12 月三甘醇消耗量比 2013 年同期减少,说明增加聚结式分离器之后,脱水橇运行正常周期加长,三甘醇损耗量大大降低。

2. 增加分离器前、后三甘醇化验数据对比

以下是新增聚结式分离器前、后三甘醇化验数据(表 3、表 4 和图 1)。

表 3　2013 年三甘醇化验数据

取样时间	悬浮物(%) (质量分数)	含盐量(%) (质量分数)	pH 值	贫液浓度 (%)
2013-09-24	0.18	0.236	6.61	98.20
2013-09-30	0.028	0.012	6.12	98.21
2013-10-03	0.00007	0.183	5.66	98.09
2013-10-20	0.005	0.21	6.18	98.41
2013-11-02	0.28	0.22	6.23	98.13
2013-12-11	0.09	0.29	6.62	97.96

表 4　2014 年三甘醇化验数据

项目	取样时间	悬浮物(%) (质量分数)	含盐量(%) (质量分数)	pH 值	贫液浓度 (%)
富液	2014-09-23	1.49	0.09	5.87	98.73
贫液	2014-09-23	0.07	0.09	6.44	98.15
富液	2014-11-10	1.68	0.08	5.91	98.27
贫液	2014-11-10	1.23	0.07	6.76	98.97
富液	2014-11-14	1.47	0.07	6.31	98.76
贫液	2014-11-14	0.75	0.08	6.56	99.01
富液	2014-11-20	0.72	0.07	5.62	98.74
贫液	2014-11-20	0.47	0.07	6.53	98.71
富液	2014-12-08	0.21	0.36	6.08	97.97
贫液	2014-12-08	0.13	0.23	6.91	99.35

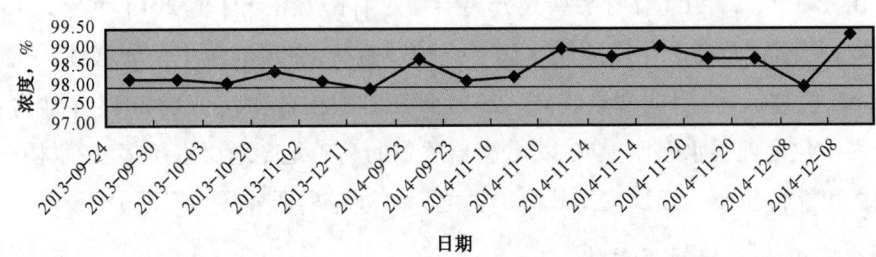

图 1　三甘醇贫液浓度对比曲线

由图 1 可以看出，新增聚结式分离器后三甘醇贫液浓度有明显提高。2013 年贫液浓度平均为 98.17%，2014 年贫液浓度平均为 98.723%，脱水橇运行正常。

新增聚结式分离器前、后三甘醇贫液盐含量对比曲线如图 2 所示。

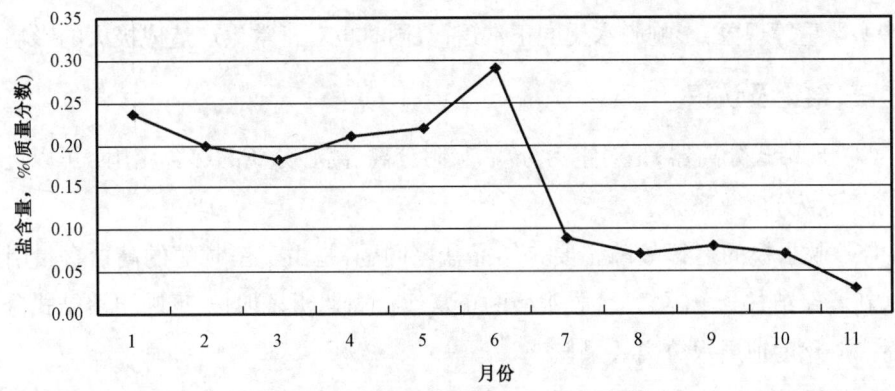

图 2　三甘醇贫液盐含量对比曲线

由图 2 可以看出，新增聚结式分离器后三甘醇贫液盐含量有明显降低。含盐量小于 0.2% 为合格，分离器更换之后合格率明显提高。

新增聚结式分离器前后三甘醇贫液 pH 值对比曲线如图 3 所示。

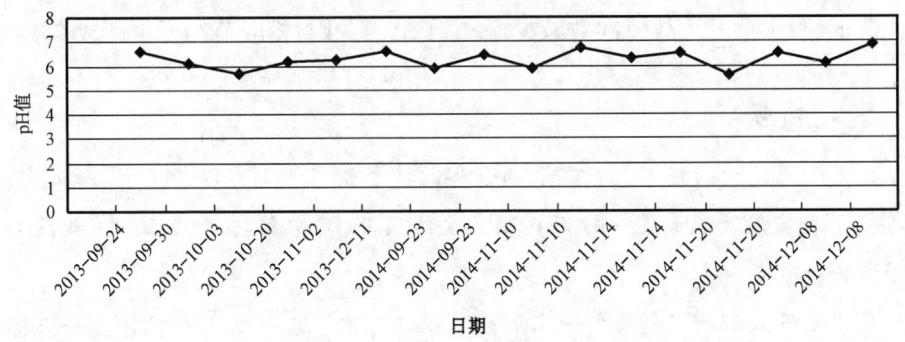

图 3　三甘醇贫液 pH 值对比曲线

由图 3 可以看出,新增聚结式分离器后三甘醇贫液 pH 值 2014 年与 2013 年相比有所升高,而高矿化度地层水属于强酸弱碱盐,在水溶液中呈弱酸性,三甘醇溶液 pH 值越低,说明盐含量越高。2014 年三甘醇中盐含量低于 2013 年盐含量,说明高矿化度地层水有明显减少,分离器脱出的高矿化度地层水越多,脱水橇产生盐堵的可能性越小。新增聚结式分离器之后气液分离器分离效果明显。

3. 脱水橇盐堵情况对比

自 2014 年 10 月新增聚结式分离器投运至今,脱水橇运行正常,没有发生结晶盐堵。而 2013 年同期平均每 30d 左右就会出现结晶盐堵塞三甘醇循环管路,需要对整个脱水系统的三甘醇及过滤器滤芯进行更换或进行全面的清洗工作,否则会出现三甘醇循环管路堵塞、三甘醇循环泵上量不好,活性炭过滤器、滤布过滤器滤芯堵塞严重等现象,影响脱水橇的正常运行,同时也对正常生产造成极大的影响。

三、结论及认识

(1)聚结式分离器,是对重力分离、吸附分离、离心分离的综合应用,可以进一步提高气液分离效率。

(2)脱水橇的运行故障主要是结晶盐堵问题,是由于三甘醇的高盐含量引起的。新增聚结式分离器之后,脱水橇的正常运行周期明显加长,反映出聚结式分离器对高矿化度地层水分离效果显著。

(3)新增聚结式分离器之后,三甘醇的各项化验数据都合格,且较 2013 年有明显提高,反映聚结式分离器分离效果明显,改善了脱水橇处理气的气质,减轻了脱水橇运行负荷,从而保证了外输气水露点指标合格。

(4)新增聚结式分离器之后,三甘醇的损耗量明显降低,生产运行正常,贫液三甘醇浓度提高,脱水橇运行负荷减轻,运行状况好转,相应脱水橇所用自用气量大大降低,脱水橇发生故障次数减少,减少了维修费用,相应节约了生产成本。

简评

这是一篇关于新技术、新工艺、新设备的技术论文。全文以新技术、新工艺、新设备介绍—应用效果简述—辅助说明为主线展开,其中新技术、新工艺、新设备介绍是本文的重点内容。

作者一开篇就将"聚结式分离器的结构与原理"这一重点内容作为一级标题段落,分两个层次段落予以详细叙述;为了体现新设备的可行性与实用性,又将

"聚结式分离器数据分析"设立为一级标题段落,通过两个二级标题段落运用大量数据图表,对新设备的实际运行情况予以说明,从而使全文具有了重点突出、简洁明了、实用性强的特点。

摘要从内容上对全文基本进行了概括与介绍,对文章主题和主要内容以及结果有所说明,篇幅适中,但叙述手法略有欠缺。

范文十二

钻井柴油机冷却系统超温报警研究

王福忠　王金广　张　燕　王希军

(中国石油集团渤海钻探工程有限公司第三钻井工程分公司)

摘要: 本文介绍了一种钻井柴油机组冷却系统超温无线报警系统,柴油机冷却液温度超高、水箱液位偏低时发出报警信息,提示柴油机司机及时停机检查,启动其他柴油机进行替代,避免设备事故发生,延长柴油机零部件使用寿命,节约设备维修成本,保证生产的连续性。

关键词: 无线温度传感器;无线液位传感器;柴油机;柴油机组冷却超温报警系统

现有机械钻机主要配置柴油机作为石油钻井生产的动力来源。柴油机在运转过程中,由于水箱内冷却水不足、风扇胶带松弛、散热器芯子或冷却管路堵塞、柴油机超载运行等因素造成冷却液温度超高,不能及时冷却零件,带走热量。循环于柴油机中的机油温度急剧升高,机油黏度将大幅度下降,不能在曲轴与轴瓦间隙中形成油楔而使机油压力下降,容易引起烧瓦抱轴事故。与此同时,机油也会因温度过高而过早变质失效,影响钻井作业。现有柴油机机体未安装温度超高、水箱液位超低报警装置,只安装了机械式就地温度表,温度超高、水位超低时很难及时发现,易造成设备事故,影响生产。据不完全统计,渤海钻探第三钻井工程分公司钻井柴油机每年大概发生拉缸事故25起,因此,有必要研究一种钻井柴油机用无线报警系统。

一、技术分析

(一)工作原理

考虑到井队搬家问题,报警装置需便于安装、维护。在每台柴油机冷却管路上装一个无线温度传感器,在水箱上安装一个无线液位传感器,控制器安装在柴油机偏房,偏房门口上方安装防爆声光报警器,每台柴油机对应一台声光报警器。系统设备安装如图1所示。 控制器接收每台柴油机温度传感器、液位传感器发送的信号,超出设定温度或低于设定水位高度时,控制器可发出相应的控制信号控制声光报警器进行报警提示。超出设定报警时间后,控制器发出信号给相应柴油机上安装的电磁阀,使电磁阀关闭,切断柴油机供油,柴油机停止运行;维修保养后,按下复位按钮,报警信号解除。柴油机组冷却超温报警系统流程如图2所示。

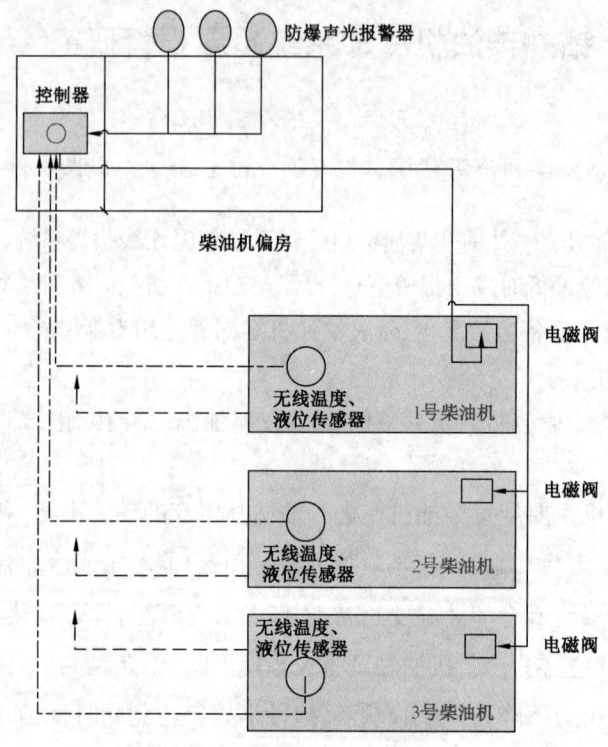

图1　系统设备安装示意图

(二) 系统参数

(1)电气设备满足石油钻井防爆要求。

(2)无线传感器供电电源:两节 3.6V/9A·h 锂电池供电。

(3)控制电路采用 DC 24V 电压。

(4)环境温度:-35～85℃。

(5)环境湿度:< 85%RH。

(6)抗干扰信号强,最大直线传输距离不小于 300m。

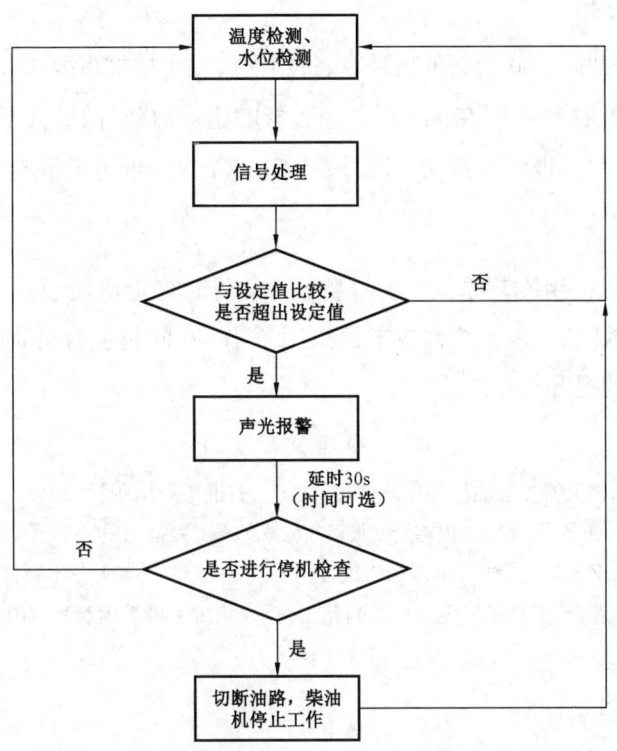

图 2　柴油机组冷却超温报警系统流程图

二、现场应用

该装置在渤海钻探第三钻井工程分公司 50528 队进行了现场应用，对柴油机水箱温度超高及液位超低进行了现场报警测试，达到了设计要求，现设备运转正常。图 3 为现场安装照片。

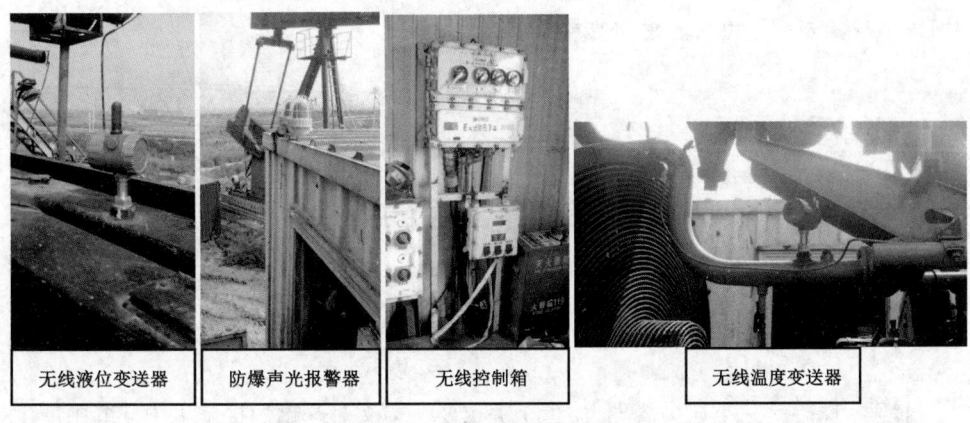

图 3　报警设备现场安装照片

三、效益分析

按照 30 个井队 100 台柴油机计算,每年大概发生拉缸事故 25 起,每年事故直接损失人工费及材料费用在 11 万元左右,影响生产时效(故障停机时间)150h 左右,间接损失巨大。报警设备安装运行后预计 2 年内即可将设备成本收回。

四、结论

本钻井柴油机组冷却系统超温报警系统能够较好地应用于钻井现场,该系统可降低柴油机故障率,减少维修成本,稳定生产作业,同时也为柴油机日常管理、维护起到了较大的提升作用。

参考文献

[1] 傅成昌,傅晓燕. 柴油机构造与使用. 北京:石油工业出版社,2012.
[2] 李洪志. 工程机械柴油机构造. 北京:人民交通出版社,1998.
[3] 王小强. ZigBee 无线传感器网络设计与实现. 北京:化学工业出版社,2012.
[4] 张德干,张晓丹,李光. 无线传感与路由技术. 北京:科学出版社,2013.

简析

针对钻井现场柴油机组使用过程中,因冷却系统系统一些异常不能及时发现而容易引起烧瓦抱轴等事故,编者等人开展技术革新和设备改造,研发柴油机组冷却超温报警系统,并对工作原理、安装示意图和流程图等进行了介绍,对其他人员有一定启发。现场技师、技能专家通过革新和改造后,只需通过类似的方式将研发成果进行梳理,就可形成一篇技术论文。

论文中的关键词选用中,还可以添加"柴油机组冷却超温报警",这样更有针对性。"现场应用"的内容感觉也略显单薄。

范文十三

球罐环焊缝裂纹的处理

刘新海 葛 燕

(中国石油第一建设有限公司焊培中心)

摘要:球罐是三类压力容器,质量至关重要。本文对球罐焊接施工中环缝中产生裂纹的原因进行分析,提出具体处理措施。经现场施工验证,解决了问题,保证了球罐的制造质量。

关键词：球罐；环焊缝；裂纹；处理措施

我国用于球罐制造的板材多为16MnR、15MnV等低合金高强钢，合金元素和碳含量较低，一般情况下，焊接裂纹倾向不大。但随着板厚的增加或者在安装过程中由于强力组装、预热和后热温度不够、加热不均匀、焊接不同步等原因，易造成球罐在焊接过程中产生裂纹，并且环缝中产生裂纹最为突出。2002年，在苏丹电厂安装的6台液化石油气球罐均采用16MnR制造，壁厚为50mm，容积2000m^3，坡口角度为X形，大坡口在内侧。其中一台球罐在施工中，在上大环的焊缝中产生了1m多长的非连续性微观裂纹，裂纹具有尖锐端头，大多数是纵向裂纹，裂纹在距内壁25~30mm深度根部焊缝中。裂纹是在焊接应力及其他致脆因素共同作用下，焊接接头中局部地区的金属原子结合力遭到破坏而形成新的界面所产生的缝隙。但在处理过程中，如果措施不当，裂纹有可能向两侧延伸的可能，甚至贯穿于整个环缝，严重影响球罐的制造质量。本文将针对球罐环焊缝产生热裂纹和冷裂纹原因进行分析并具体列举处理裂纹的措施。

一、球罐环焊缝产生热裂纹的原因

热裂纹是在焊接过程中，焊缝和热影响区金属冷却至固相线附近的高温区，由于结晶时合金元素、成分偏析或低熔共晶体化合物的存在所产生的。由于产生在高温区，宏观上可见的裂纹与大气相通部位均有明显的氧化痕迹，裂纹的断口表面有氧化色，表面无光泽。热裂纹产生的部位多在焊缝中。

（一）焊缝金属成分的影响

钢材中存在碳、硫、磷形成低熔共晶体化合物，易产生结晶偏析，不均匀地分布在焊缝中，在焊缝金属结晶过程中，往往集中到焊缝的中心和最后凝固部位，形成液相薄膜残留下来，在焊接收缩应力作用下液相薄膜被拉开，随之而产生裂纹。

（二）焊接顺序及操作的影响

球罐环焊缝的施焊顺序很重要。球罐环焊缝由数名焊工以对称追尾顺序来进行多层多道焊。若不采取均匀分布对称施焊或焊工之间焊速不均匀的程度相差太大，无法分散应力，使焊接速度最慢的地方存在较大的应力集中，加上该处焊缝较薄,将增大产生裂纹的倾向。另外,由于操作不当,焊工没有按工艺要求进行多层多道焊,而人为将焊道分割成几段,在焊工操作位置不移动的情况下同一部位进行多层多道焊,相邻区段的层间接头重叠,造成焊接接头集中在某一部位形成多接头部位,这一部位往往集中较大的应力,增大热裂纹产生的可能性。

(三) 加热的影响

一般环缝焊接时坡口上侧的温度高于下侧,焊缝金属的收缩以及整个焊接区域的不均匀加热和冷却,会在焊缝附近产生残余应力,焊缝冷却速度不同造成纵向切向应力。

(四) 装配刚性拘束的影响

强力组对将使球罐在焊接前就存在强大的附加应力。当焊接热源刚刚作用时,焊缝区处于升温阶段,此时金属体积发生膨胀,但受到周围金属的限制,使焊缝金属受到压缩应力,金属在压应力作用下是不会产生裂纹的,也就是说,在焊接升温阶段没有产生结晶裂纹的危险。当热源移动后焊缝开始冷却,熔敷金属体积要收缩,而周围的焊缝和卡具拘束就要阻止这种收缩,此时焊缝中就产生了拉伸应力,在拉伸应力作用下,裂纹就在焊缝结晶的薄弱地带开裂,形成纵向结晶裂纹,并贯穿整个焊缝截面。

二、球罐环焊缝产生冷裂纹的原因

冷裂纹是焊后冷却到马氏体转变温度以下发生的,冷裂纹的产生有时间性,可能在焊后立即产生,也可能经过几小时、几天,甚至更长时间的潜伏期后才产生,因此,又称延迟裂纹。延迟的时间取决于氢在焊缝金属中的扩散速度。冷裂纹的形成源于综合焊接接头的淬硬倾向、氢含量和拘束应力。冷裂纹断口具有发亮的金属光泽、呈脆断特征。冷裂纹产生的部位多在热影响区内,特别是在焊缝熔合线附近及焊趾上。

(一) 焊缝金属氢含量的影响

焊缝母材中原有的氢和焊接时焊缝金属吸附外界的氢是影响焊接延迟裂纹的主要因素。氢含量越高,延迟裂纹的敏感性越高。焊接时吸附外界氢量的多少取决于焊接方法,与坡口表面附近的锈蚀、油污、水分、焊接材料的类型及其干燥条件、焊接环境等有极大关系。在多层焊接时,由于氢的逐层积累而带来根部焊缝的应力应变集中,则产生延迟裂纹的倾向会增大。

(二) 线能量的影响

线能量决定了焊缝和热影响区的冷却速度、淬硬组织、氢的扩散速度以及焊缝中焊接应力的水平,最终影响焊缝的冷裂倾向。线能量越大,冷却时间越长,焊接时就可减小或避免淬硬组织,同时有利于氢逸出,这就降低了产生裂纹的倾向。但只能在一定范围内增大线能量,线能量太大,在热影响区附近可能产生过热组织,使晶粒粗大,塑性和韧度降低,降低了接头的抗裂性,反而增加了热影响区裂纹产生的倾向。

(三) 预热温度的影响

因为在实际生产中操作困难,造成预热温度不均匀,不能连续完成环缝的焊接,重新焊时,不能采取良好的预热措施,造成层间温度低于预热温度,产生淬硬组织,增加了产生冷裂纹的倾向。

(四) 后热的影响

若没有采取后热措施,或采取后热温度不足、后热时间太短、后热不及时、后热保温不良,使氢没有足够的时间逸出,会增大产生冷裂纹的倾向。

(五) 焊接应力的影响

环焊缝中主要存在三种应力,即由于温度分布不均匀造成的热应力、相变时的相变应力和刚性拘束造成的拘束应力,此外,由于焊缝中存在咬边、未焊透等缺陷而形成应力集中,这些应力叠加在焊缝中的薄弱部位,达到一定值时将导致裂纹产生。总之,球罐环焊缝冷裂纹的产生,主要是氢、淬硬组织和应力的相互促进、相互影响的结果。在一定条件下,三者中任何一种都可能成为形成冷裂纹的主要因素。

三、球罐环焊缝裂纹的处理措施

根据球罐环焊缝裂纹形成的原因、施工条件,采取下列工艺措施,完全清除裂纹和防止在处理过程中再次产生裂纹。

(1) 利用超声波探伤准确定位,清除的缺陷深度不得超过球壳板厚度的 2/3;若清除到球壳板厚度的 2/3 处还残留缺陷时,应在该状态下补焊,然后在其背面再次清除缺陷进行焊补。在清除裂纹时,从两边向中间气刨,防止裂纹向两端扩展,刨后坡口底部呈 U 形,两端坡口要刨成较小的缓坡。刨后将氧化物、淬硬层、渗碳层磨掉,打磨成圆滑过渡,避免坡口底部被磨呈 V 形,并经渗透检测或磁粉检测以确保裂纹被彻底清除后方可进行焊接。

（2）焊条按照表1要求烘干,使用时放在保温桶内,随用随取。

表1 焊条烘干要求

焊条	烘干温度(℃)	恒温时间(h)	备注
E5015	350~400	1	烘干次数不可超过2次

（3）选用预热温度的上限值200℃。较高的的预热温度降低了焊缝冷却速度,可使氢更易从焊缝熔池向大气中扩散,减少扩散氢含量,并且可以降低焊接区的温度梯度,减少脆硬组织的产生,减小温差应力。

（4）扩大焊接区预热范围,预热坡口两侧200mm,使焊接接头在较宽区域内处于塑性状态,减弱焊接应力的不利影响。改变焊接区的应变集中区,降低促使冷裂纹形成的应力峰值。

（5）焊接电流、线能量的大小要在焊接工艺性能评定试验要求范围内,焊接参数见表2。

表2 焊接参数

焊接位置	焊条直径(mm)	电流(A)	电压(V)	焊接速度(cm/min)
横焊	4	170~175	24~25	8~10

（6）高超的技术和高度的责任心,认真焊接,避免缺陷的产生。咬边、未焊透、长条状夹渣等缺陷部位是应力集中区,这些部位容易产生冷裂纹。正确的焊接方法是错开层间接头,减小偏析和应力集中;减小焊道与坡口间的夹角,减小应力集中。

（7）锤击焊缝,使金属产生塑性变形,抵消部分收缩量,减小焊接应力与变形。

（8）选用适当的后热温度和后热时间。随着焊接层数的增多,焊缝中扩散氢会逐渐积累。在焊后趁焊缝温度未降低时应立即进行200~250℃、保温1h的后热,按要求保证加热温度与保温时间使扩散氢有充分的时间逸出,起到了很好的消氢作用,同时还可以降低焊缝中的残余应力,减少冷裂纹产生的概率。

（9）焊后消除应力的热处理:热处理温度(600±25)℃,恒温时间2h,恒温温差<50℃,升温速度控制为50~80℃/h,400℃以下可以不控制升温速度;降温速度控制为30~50℃/h,400℃以下可以在空气中自然冷却。冷却方式:缓冷+空冷。热处理工艺曲线如图1所示。

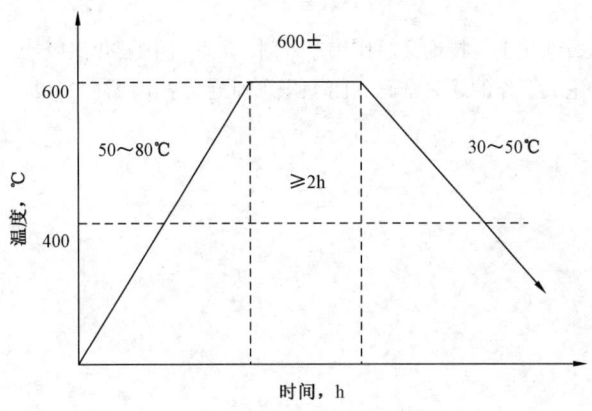

图 1 热处理工艺曲线

四、结论

在天津炼油厂和苏丹电厂 2000m³ 球罐焊接施工中,通过采用上述措施,较好地解决了球罐制造过程中环焊缝产生裂纹的问题,保证了球罐的制造质量。

参 考 文 献

[1] 陈剑虹,陈晓风,杜兵,等.焊接手册.第二卷.北京:机械工业出版社,2001.
[2] 李淑华,王申.焊接技师技术问答.北京:国防工业出版社,2005.

简评

这是一篇关于现场疑难问题分析处理的技术论文。全文在内容结构上围绕现场疑难问题综述与原因分析——应对与处理措施展示——应用效果——辅助说明而展开。其中,重点内容为原因分析与应对及处理措施。

全文逻辑层次清晰,符合认知规律。开始便用两个一级标题段落对球罐环焊接热、冷裂纹产生原因分别进行分析,接着又用一个一级标题段落叙述处理措施,最后以应用和结论作为结尾。在热裂纹原因方面,用了四个二级标题段落进行叙述;在冷裂纹原因方面,用了五个二级标题段落进行叙述;在处理措施方面,详细介绍了八条处理措施,这样就使重点内容得到了全面详细的描述。而对应用效果这一内容,作者却放在了结论中予以表述,这样处理影响了文章的说服力。

文中引言的篇幅适中,内容和措辞较为规范,通过对生产实际中球罐环焊缝裂纹的存在可能及其危害简述,引出了本文的主题以及研究的现实意义,同时对研究的任务与方法也做了简要交代,对后续内容的叙述产生了自然过渡的效果,值得借鉴。

参 考 文 献

[1] 龚望欣. 石油化工科技论文写作快速入门. 北京:中国石化出版社,2014.
[2] 蔡清田. 论文写作的通关密码. 上海:华东师范大学出版社,2012.